图书馆建设管理与发展创新研究

常鸿雁◎著

北京工业大学出版社

图书在版编目（CIP）数据

图书馆建设管理与发展创新研究 / 常鸿雁著 . — 北京：北京工业大学出版社，2021.9（2022.10 重印）
ISBN 978-7-5639-8151-9

Ⅰ . ①图… Ⅱ . ①常… Ⅲ . ①图书馆工作－研究 Ⅳ . ① G25

中国版本图书馆 CIP 数据核字（2021）第 201467 号

图书馆建设管理与发展创新研究
TUSHUGUAN JIANSHE GUANLI YU FAZHAN CHUANGXIN YANJIU

著　　者：	常鸿雁
责任编辑：	张　贤
封面设计：	知更壹点
出版发行：	北京工业大学出版社
	（北京市朝阳区平乐园 100 号　邮编：100124）
	010-67391722（传真）　bgdcbs@sina.com
经销单位：	全国各地新华书店
承印单位：	三河市元兴印务有限公司
开　　本：	710 毫米 ×1000 毫米　1/16
印　　张：	10.5
字　　数：	210 千字
版　　次：	2021 年 9 月第 1 版
印　　次：	2022 年 10 月第 2 次印刷
标准书号：	ISBN 978-7-5639-8151-9
定　　价：	60.00 元

作 者 简 介

常鸿雁，女，1981年10月出生，天津人，江苏航运职业技术学院图书馆馆员。主要研究方向：图书馆管理与图书资料研究。在图书馆工作期间，公开发表专业论文7篇，主持、参与完成课题6项。

前　言

图书馆是搜集、整理、收藏图书资料以供人阅览、参考的机构，早在公元前 3000 年就出现了图书馆，图书馆有保存人类文化遗产、开发信息资源、参与社会教育等职能。图书馆是社会记忆的外存和选择传递机制。换句话说，图书馆是社会知识、信息、文化的记忆装置、扩散装置。在人类社会发展的过程中，图书馆起着传承人类文明的重要作用。但是随着时代的发展和科技的进步，传统的图书馆表现出多方面的局限性，不能充分发挥其原本的职能，在一定程度上阻碍了社会文明的发展，所以图书馆建设与管理的创新是我们需要研究的重要课题。随着信息社会的到来，在全球信息化浪潮的推动下，图书馆成为现代社会主要信息机构之一，图书馆信息化建设工作正在如火如荼地开展。图书馆信息化建设的根本目的，就是最大限度地挖掘、利用、传播知识，为读者提供信息共享的平台，更好地为读者服务。相关研究人员要理解和把握信息时代的特征，分析信息化给图书馆发展带来的多方面的影响，并结合信息时代读者的发展需求，加强图书馆信息化、数字化的创新建设，从而推动人类文明的发展与进步。

本书共五章：第一章为图书馆发展综述，分别介绍了图书馆的形成和发展、图书馆的作用与功能以及图书馆的分类；第二章为现代图书馆建设与管理，分别介绍了现代图书馆的构成要素、现代图书馆的设施建设、现代图书馆的信息资源建设、图书馆管理的历史发展以及现代图书馆的管理制度；第三章为高校图书馆创新发展，分别介绍了高校图书馆的功能、高校图书馆的馆藏资源以及新时期高校图书馆的创新建设；第四章为信息化背景下图书馆管理创新，分别介绍了信息化的概念和内涵、图书馆信息化、图书馆信息化发展趋势以及图书馆的信息化管理；第五章为新形势下数字图书馆建设，包括数字图书馆概述、数字图书馆的功能、数字图书馆的体系结构以及数字图书馆建设原则与发展前景等内容。

作者在撰写本书的过程中，参考了大量的学术文献，在此向相关文献的作者表示真诚的感谢。由于作者水平有限，书中难免存在不足之处，希望广大读者批评指正。

目　　录

第一章　图书馆发展综述

图书馆经历了漫长的发展阶段，才形成了今天我们看到的样子。本章为图书馆发展综述，先为读者介绍图书馆的形成和发展，然后阐述图书馆的作用与功能，最后对图书馆的分类加以介绍，为后续研究和论述做好铺垫。

第一节　图书馆的形成和发展

一、图书馆的概念

由于图书馆是一个外来名词，因此图书馆至今尚无一个公认的定义，但我们可从概念描述中分析理解其内涵。在一些辞书和图书馆学专著中对于图书馆有不同的描述。

《辞海》中的定义："搜集、整理、收藏和流通图书资料，以供读者进行学习和参考研究的文化机构。"

在《中国大百科全书》中则是这样阐述的："收集、整理和保存文献资料并向读者提供利用的科学、文化、教育机构。"

《苏联百科词典》中的解释："搜集、收藏出版物以供公共使用的文化机构。"

《图书情报词典》中的描述："通过文献的搜集、整理、存储、利用，为一定社会读者服务的文化、科学与教育机构。"

上述这些概念应该说基本准确地反映了传统图书馆的特征及其基本职能。《社会科学大词典》中的定义："是收集、整理、保管、传递文献信息载体的社会组织。"在这个图书馆概念阐述中，提出了图书馆具有传递各种文献信息载体的作用，比流通利用文献资料和各种出版物的范畴要广泛得多，也比消极等待读者上门提供流通服务的态度要积极得多。随着社会的进步和发展，在不同时期、不同社会背景下人们对图书馆有着不同的理解。

吴慰慈等在《图书馆学概论》（1985 年）中提出："图书馆是搜集、整理、保管和利用书刊资料，为一定社会的政治、经济服务的文化教育机构。"但在其《图书馆学概论》2008 年修订的二版中将图书馆定义为："图书馆社会记忆（通常表现为书面记录信息）的外存和选择传递机制，即图书馆是社会知识、信息、文化的记忆装置和扩散装置。"

于良芝在其 2003 年出版的《图书馆学导论》中提出图书馆定义："图书馆是一种对文献进行系统收集、加工保管、传递，对文献中的知识或信息进行组织、整理、交流，以便用户从文献实体、书目信息及知识三个层面上获取所需资源的社会机构或服务。"

图书馆的概念逐步符合现代图书馆的实际情况。钱力平在其《现代图书馆概念辨析》一文中认为："图书馆——为满足社会情报需求，对信息、知识及其物质载体进行收集、加工、整理、存贮、浓缩、传递和开发利用的社会信息系统。"相对而言，这个定义已融入现代图书馆重视信息交流利用的内涵。图书馆归属于社会信息系统，但图书馆本身仍属于担负一定社会职责的部门机构。

二、图书馆的性质

图书馆是集教育、科研、文化传播等功能于一身的多功能机构。和大千世界中的其他事物一样，图书馆也具有多重属性，我们将其归纳为本质属性和一般属性两大类。

（一）本质属性

图书馆的本质属性问题是图书馆学领域中的一个基本理论问题。长期以来，人们对此进行了探讨，提出的观点也较多。有人做了归纳，主要有：

①认为图书馆的本质属性是阶级性。这在一个相当长的时期内是比较普遍的看法。

②认为收集整理和提供使用书刊资料是图书馆的本质属性。

③认为知识性是图书馆的本质属性。

④认为服务性是图书馆的本质属性。

⑤认为工具性是图书馆的本质属性。

⑥认为文献资料的检索性是图书馆的本质属性。

⑦认为图书馆是生产力的要素，故具有生产力的性质。

⑧认为图书馆在文献交流过程中处于一个中介物的地位，故中介性是图书馆的本质属性。

从本质属性是一种事物区别于其他事物的基本特征这个定义来看，以上所说并非图书馆固有的，不能算是图书馆区别于其他事物的根本标志。

那么，到底什么是图书馆的本质属性呢？何种本质现象能使人们将它与其他事物区别开呢？图书馆的本质属性是文献的集聚和知识信息的传递。正是文献集聚的系统性和知识信息传递的针对性这种图书馆的基本特征，使图书馆得以区别于同属科学、教育、文化系统的出版、印刷、发行部门和广播、电视、新闻单位。

从古时候起，人们在与大自然的搏斗中就需要互相交流知识和经验。社会之所以需要图书馆，人类历史的舞台上之所以会有"图书馆"出现，就是因为有了文献。文献是知识积累和信息存储的一种工具。不过，文献在传播过程中的散失现象不可避免，同时，在人类历史发展的每个时期，社会上总是有很多人为了某种目的需要查找有关文献。任何人都不可能仅靠个人的力量获得那些散落在社会各个角落里的有关文献。这种文献信息交流中的巨大矛盾，催生了图书馆的产生和发展。图书馆这种机构，就是随着文献的出现而产生，又随着文献信息的交流而不断发展，成为文献信息交流的有效工具的。

图书馆既然作为文献信息交流的机构存在于世，那么就必然存在一定的行为——图书馆活动。图书馆的活动，具体体现在全面而系统地将分散零乱的文献集聚起来，经过一定加工整理后，将其中蕴含的知识信息有目的地传递给读者。由此观之，文献的收藏是图书馆的基础和工作手段，没有系统而丰富的藏书，使用图书就无从谈起。但是，有了藏书而不善于使用，收藏也就变得毫无意义，图书馆的本质属性也将无法体现。所以说，图书馆的文献收藏和使用功能是由图书馆的本质属性所决定的。

（二）一般属性

图书馆是一个多样性的机构，它不仅有本质属性，还有非本质属性，也就是一般属性。图书馆作为社会科学、教育、文化事业的一个组成部分，不可避免地具有其中的某些共性。这些共性就是社会性、教育性、科学性和服务性，它们是图书馆的一般属性。

1. 图书馆的社会性

作为向公众提供文献资料的一种社会机构，图书馆具有明显的社会性。首先，馆藏文献是人类共同的精神财富。图书馆收藏的文献，是对人们征服自然、改造自然，以及人类社会的历史进程的记录。它凝聚了从古至今人类创造和积累的知识，是人类智慧的结晶。因此，它是整个人类共同的精神财富。无论是在何时何地，特别是在人类社会不断发展、科学技术日新月异的今天，这些宝贵的精神财富理应被整个人类共有。作为图书馆的读者，人人都有使用图书馆收藏的文献的权利，这些都体现出图书馆具有一定的社会性。其次，图书馆是人们利用文献的场所。图书馆系统地集聚文献，目的就是为社会的广大读者提供服务。图书馆组织读者利用馆藏文献，满足每个人的需求，从而使图书馆具有广泛的社会性。最后，图书馆网络化也是图书馆社会性的表现之一。当今，任何一个图书馆都不可能将世界上所有文献收集齐全，也不可能完全满足所有读者的需求。因此，建立图书馆网络，就能突破图书馆之间、地区之间、国家之间的局限性，促使文献情报的资源共享，从而使图书馆所具有的社会性更为广泛。

2. 图书馆的教育性

图书馆是一个社会教育机构，它以丰富的馆藏为基础，通过文献交流，达到传播知识、教育读者的目的。许多著名的科学家、教育家在不同的时间、不同的场合都曾强调过：图书馆具有教育的特性。图书馆是通过其所藏文献资料向读者传递知识信息而体现其教育性的。图书馆的文献收藏涉及范围极为广泛，可以满足不同读者的需要。不论读者的性别、年龄、学历、职业有什么差异，他们都可以把图书馆作为自学和深造的理想场所。在这里学习，更有利于发挥受教育者的主观能动性。一个人如果掌握了使用图书馆的方法，就得到了享受终身教育的机会。所有这些都体现出图书馆具有一定的教育性。

3. 图书馆的科学性

任何一项科学研究工作都是一方面要以当时有关各方面的协作为条件，另一方面，又要以对前人研究成果的借鉴和利用为条件。所谓前人的研究成果，正是指凝聚了前人智慧的文献资料。科学研究离开了图书馆，离开了文献资料，就无法进行。图书馆的文献工作是科学研究的前期工作，图书馆是开展科学研究工作的基地，它担负着为科学研究提供文献资料的重任。因此，图书馆文献工作对科学研究有很大影响。图书馆文献工作的本身也具有科学研究的性质。从对文献资料的收集、整理、存储、开发利用和参考咨询等工作来看，它们都属于带有学术性的工作。图书馆工作人员除了必须具有图书馆学的专业知识和图书馆工作技能外，还应了解和掌握一定的目录学、情报学、版本学、外国语及各学科的基础知识。在计算机技术、现代通信技术和光学记录技术等现代科学技术大量涌进图书馆工作领域的今天，图书馆工作人员还需要学习掌握这些先进的知识和技术，以适应学术性与日俱增的图书馆工作的需要。

4.图书馆的服务性

图书馆是通过收藏的图书资料及其他知识信息的载体和各种设备为广大读者和用户提供服务的机构。图书馆收藏文献就是为了使其在读者中传播交流。《列宁论图书馆事业》中指出："西方国家值得公共图书馆骄傲和引以为荣的，并不在于它拥有多少珍本书，有多少16世纪的版本或10世纪的手稿，而在于如何使图书在人们中间广泛流传，吸引了多少新读者，如何迅速地满足读者对图书的一切要求。"要使图书馆收藏的文献在人们中间流通，就必须搞好图书馆的服务工作。图书馆的服务对象遍及社会的各个角落，服务方式又主要是免费为读者提供服务。它的服务性就是在文献交流的过程中体现出来的。图书馆的服务性，要求图书馆工作人员既要掌握较多的科学知识和图书馆工作技能，又要具有良好的职业道德和高度的责任感，要能够热情礼貌地接待读者，尽量地为他们提供科研、生产、学习和生活中所需要的文献，当好他们学习上的参谋和助手。

三、图书馆的形成

（一）图书馆产生的前提

图书馆是人类社会发展到一定阶段的产物，人类社会信息交流的需要是图书馆产生的前提，文献的出现是图书馆产生的直接原因，科学技术的发展是图书馆事业发展的根本动力。

图书馆产生的前提有两个：一个是文字的产生，另一个是图书的产生。有了文字，有了记录文字的工具和载体，人们用文字表达的思想内容也更复杂了。当人们能够用文字完整地表达思想和感情、准确地记录事物的时候，最初的图书也就产生了。之后又有了先进的印刷技术，社会的图书数量增加了，随着社会图书数量的增加就产生了如何整理、保存、利用这些图书等问题。为了一定的需要将一批图书保存起来的场所，就是最初的图书馆。所以，图书馆直接产生于保存图书的需要。一般来讲，人们将图书以及图书以外的各种附着在载体上的记录，统称为文献。文献的外延要比图书的外延广得多。因此，图书馆的实际收藏对象，确切地说应当是文献信息。文字的功用是通过文献体现出来的，文献又是通过图书馆保存、利用的（图书馆是社会上担负文献保存职责的主要机构），所以，图书馆既是人类文化遗产的保存机构，又是人类社会文明的标尺。图书馆事业的发达程度，反映了一个国家科学技术、生产力和综合国力的发达程度。

（二）图书馆发展的过程

1.古代图书馆

很难确切断定图书馆具体产生于何时，但可以肯定的是，它是随着文字的产生而产生的。人们利用文字在天然实物（如甲骨、泥板等）上记录事情，这样就产生了文献。最初的文献主要是记录政令、法令、外交、宗教仪式等方面的资料，这些资料实际上就是当时社会生活各方面的档案资料，因而主要集中于王宫（或政教合一制度下的寺庙）。档案资料一经积累就需要专门的收藏处所和专门的管理人员，这就产生了最早的图书馆和图书馆工作人员。所以，人类历史上最早的图书馆也是最早的档案馆，图书馆和档案馆一体，依附于王宫或寺庙，文献的利用范围极其狭小。古代图书馆如图 1-1-1 所示。

图 1-1-1　古代图书馆

2.现代意义图书馆

现代意义上的图书馆，是伴随社会文化和科学技术的发展而发展的。这是一个循序渐进的过程，很难为它们划出一个明确的时间界限。

（1）大学图书馆

现代社会文化和科学技术在 17 世纪飞速发展，学科专业的细化和科学研究的活跃对西方大学的发展产生了深刻影响。大学的发展也带动了大学图书馆的发展。到 18 世纪时，在专业化和研究两方面均领先世界的德国，大学图书馆已非常接近今天大学图书馆的模式——管理规范化、开放时间长、注重服务。到 19 世纪中叶，图书馆在大学已经拥有核心地位。

（2）国家图书馆

现代意义的国家图书馆在各国陆续出现，是在 17 世纪以后。欧洲的英国、德国、法国、丹麦等相继出现早期的国家图书馆。如 1753 年，英国建立大英博物馆，这个博物馆就是现在的英国国家图书馆——大英图书馆的前身。在英国的影响下，法国、奥地利、意大利、挪威等相继建立了国家图书馆。

（3）公共图书馆

19 世纪中期，在欧洲和美洲几乎同时开始出现公共图书馆，成为现代意义的图书馆走向成熟的最重要的标志。1850 年以后，英国公共图书馆在全国各地迅速建立，至 1860 年，英国已有 28 所公共图书馆。美国最早的公共性质的图书馆是 1803 年在康涅狄格州的索尔兹伯里建立的儿童图书馆。随后，1827 年，马萨诸塞州的莱克星顿也建立了一家儿童图书馆。1833 年，新罕布什尔州的彼得博罗镇，建立一所向全镇居民免费开放的图书馆。此后，公共图书馆陆续在美国各州建立起来。

现代图书馆是信息时代的产物，它已由单纯的收集、整理、利用文献的比较封闭的系统，发展到以传递文献为主的、全面开放的信息系统。计算机技术、高密度存储技术和数据通信技术在图书馆工作中的广泛应用，以及这三者的相互结合，有力地改变了图书馆工作的面貌。

四、现代图书馆的发展

传统图书馆给人们的印象是系统收藏文献供人们借阅利用的藏书楼，属被动型服务机构。现代图书馆更为强调科学规范地做好文献信息的收集整理、组织管理和传递利用等工作，更注重提供更高层次的社会化信息服务。因此，图书馆在信息技术革命和市场经济体制猛烈冲击下，正面临重大的变革，其中最根本的变革是服务观念的变革。图书馆从传统地为读者提供馆藏文献服务，向更深更广泛地为读者提供参考咨询、定题服务、信息分析预测和信息资源网络化共享等更高层次的信息服务方向发展。图书馆服务工作的信息化将是区分现代图书馆与传统图书馆的重要标志。现代图书馆不是对传统图书馆的全盘否定，而是一种观念与服务手段的深刻变革和发展，现代图书馆对于传统图书馆而言不是量变而是质变。现代图书馆理念历经百年的时间，通过几代图书馆人的努力确立了下来。

（一）世界现代图书馆理念的确立

1949 年，为适应各国公共图书馆的建设需求，联合国教科文组织发布了

《公共图书馆宣言》。《公共图书馆宣言》确立了国际公共图书馆服务的基本理念，也标志着现代图书馆理念的正式确立。该宣言强调图书馆对全社会开放，图书馆承担实现和保障公民基本文化权利、缩小社会信息鸿沟的使命，这种理念是图书馆人在过去 100 多年图书馆服务中逐渐形成的。现代图书馆理念落实到图书馆服务，又可归纳为对全社会普遍开放、维护读者权利、平等服务和对弱势人群提供特殊服务这些基本原则，以及进入信息时代后形成的缩小数字鸿沟或信息鸿沟的原则。这些基本原则是现代图书馆理念的具体体现，也是现代图书馆理念的重要组成部分。

1. 对全社会普遍开放

图书馆"对全社会普遍开放"的理念形成于 19 世纪中叶，其标志是公共图书馆的建立。1850 年英国议会通过的《公共图书馆法》和稍后依法建立的公共图书馆，为近现代图书馆"对全社会普遍开放"理念的形成奠定了基础。英国公共图书馆的服务政策是对所有市民免费开放，而此前的图书馆即使对社会开放，也设立了条件，如对部分社会成员开放，或者有限制条件地开放。19 世纪中后期，英美等出现了公共图书馆运动，推动了公费支持的免费公共图书馆的大发展。不仅是公共图书馆，其他类型的图书馆也以对全社会开放为目标，创造条件为全体社会成员服务。我国图书馆学基础类教科书谈及近代图书馆的特征，总要提及"由封闭式的藏书楼转向对全社会开放的图书馆"，"图书馆的读者从少数人发展到逐步面向全社会"。可以说"对全社会普遍开放"的理念的形成，标志着近现代图书馆理念的正式形成。

2. 维护读者权利

图书馆人对图书馆要"实现和保障公民基本文化权利"的认识晚于对图书馆要"对全社会普遍开放"的认识。公民基本文化权利是一个很大的概念，公民的受教育权是基本文化权利的重要内容，公民的阅读权利和信息获取的权利也属于基本文化权利的范畴。1948 年《世界人权宣言》发布以后，图书馆人才逐渐认识到图书馆服务与读者文化权利的关系。图书馆人认识到，现代图书馆服务并非图书馆人对读者的恩赐，而是读者应有的权利。或者说，现代图书馆的出现，是社会管理者为实现和保障公民基本文化权利而做出的制度安排。基于这种认识，图书馆的服务与管理，再不能以图书馆管理为唯一出发点，而必须以维护公民基本文化权利为出发点。1948 年，美国图书馆协会宣布："一个人利用图书馆的权利，不得因其出身、年龄、背景或所持观点而被拒绝或削减。"近年来，国际图书馆界对于这一理念的认识更加清楚。2002 年，国际图书馆协会联合会（IFLA）指出："不受限制地获取、传递信息是人类的基本权利。"IFLA 及其全体会员遵循《世界人权宣言》精神，支持、捍卫人们获取智识自由的权利，包括获取人类知识、创新思想等方面的权利。图书馆和情报服务机构有益智识自由的发展和维系，有利于维护基本民主价值观和普遍的公民权利。图书馆和情报服务机构尊重人的个性、自主选择、独立决策和用户的隐私。2005 年，IFLA 发文，支持联合国信息社会世界峰会（WSIS），指出："IFLA 和图书情报机构分享 2003 年 12 月日内瓦信息社会世界峰会提出的信息社会共同愿景。这种愿景促进一个包容性社会的发展，使人们能够不受限制地获取信息，每一个人都能够获取、利用和分享信息与知识。图书馆和信息服务有助于健全具有包容性的信息社会的保障制度，它们提供了智识自由——利用任何媒介和不论国界地获取信息、思想的自由。"上述文件的内容代表了图书馆人对于读者权利问题的认识，成为现代图书馆理念形成的主要基石。

3. 平等服务

与"对全社会普遍开放"密切相关的一个图书馆服务原则是"平等服务"，或者说"无区别服务"。图书馆对全社会普遍开放时，应该使所有社会成员能够平等地享有图书馆服务。只有遵循平等服务的原则，才能切实保障公民的文化权利或阅读权利。图书馆管理者为保证图书馆的科学管理和良好运作，需要制定图书馆服务政策。但这种服务政策应该建立在保证平等服务的基础上，而不是使部分人因为图书馆所制定的服务政策而失去享受图书馆服务的权利。1949 年，联合国教科文组织《公共图书馆宣言》中明确指出，公共图书馆必须"对社区内所有成员，不分职业、信仰、阶层或种族，平等地免费开放"。1994 年修订的《公共图书馆宣言》中，这一表达修改为"每一个人都有平等享受公共图书馆服务的权利，而不受年龄、种族、性别、宗教信仰、语言或社会地位的限制"。《国际图联因特网声明》称："图书馆和信息服务机构也应有为全社会所有人服务的职责，且不应受年龄、种族、国籍、宗教信仰、文化程度、政治派别、身体状况、性别及其他种种因素影响。"《图书馆及其可持续发展的声明》中指出："图书馆和信息服务机构为所有用户无歧视地收集、保存和提供最广泛的各种文献，以反映社会的多元性和文化的多样性，以及环境的丰富性。"

4. 对弱势人群提供特殊服务

近代图书馆出现的重要原因之一，是对弱势群体的人文关怀。正是对于底层社会人士阅读问题的关注，才促进了英国公共图书馆法的产生。在现代社会中，信息获取的渠道有很多。具有良好信息素养或具有较好经济能力的人，甚至不通过图书馆就可以获取其工作与生活所需信息。但同时任何一个社会中都存在一定数量的人群，他们因为经济、文化或自身条件的限制，无法正常享受信息社会丰富的信息资源。解决这些人获取知识和信息困难的问题，成为现代图书馆的重要任务。因此，"以人为本"的原则在图书馆服务中有着十分重要的位置。也就是说，图书馆在保证对所有人平等服务的前提下，对于那些因为经济的、文化的、自身能力的限制而不能正常利用图书馆的人，有必要提供特殊的服务，这样才能确保所有人能够有效地利用图书馆的服务。《公共图书馆宣言》对此做出明确规定："对任何不能享受常规服务和资料的用户，如少数民族用户、残疾人、医院病人或监狱囚犯，必须向其提供特殊服务和资料。""不同年龄的用户群体都应该能够找到与其需求相关的资料。""为了使社区的每一个成员都确实获得图书馆服务，图书馆需要有理想的馆舍环境、良好的阅读和学习设施、合适的技术与充足的开馆时间，应对不能到馆的用户提供馆外服务。"《IFLA2006—2009年战略计划》的愿景和核心价值中也都提到了这一原则。该计划指出，IFLA非常重视促进信息获取内容的多语种化，以及满足少数民族和残疾人的特殊需求。

5.缩小数字鸿沟或信息鸿沟

图书馆平等服务和对弱势人群提供特殊服务，在进入信息社会后有了新的意义。进入信息时代后，图书馆服务受到新兴的信息技术的挑战，图书馆在信息社会中的价值一度受到质疑。但人们很快发现，看似公平的网络信息服务并不能自动实现信息公平，反而可能造成社会的"数字鸿沟"，使不同人群间的信息差距扩大。"数字鸿沟"加剧了社会的不公平，已成为一个新的社会问题。在探讨解决"数字鸿沟"的对策时，人们提出可利用图书馆提供"公共接入点"，并通过图书馆馆员的帮助，使那些原来没有能力通过网络获取信息的人可以跨越这条"鸿沟"。随着图书馆的价值在网络时代再一次被人认识，图书馆人"缩小社会信息鸿沟"的努力成为现代图书馆理念的一部分。图书馆和信息服务机构为人们提供进入互联网的基本方法，同时其又是知识、信息之门，帮助人们克服资源、技术等方面的种种问题。IFLA鼓励各国政府支持公众通过图书馆和信息服务机构无条件地获得互联网信息。为达到这一目的，IFLA特别指出，同其他基本服务一样，在图书馆和信息服务机构获取互联网信息应该是免费的。《图书馆及其可持续发展的声明》指出，图书馆和信息服务机构有助于解决由信息差距和数字鸿沟而造成的信息占有不平等的问题。通过图书馆和信息服务机构的服务网络，研究和创新的信息都可被用户利用，这有利于促进世界人民的福利事业的发展。

（二）我国现代图书馆理念的百年历程

2008 年，中国图书馆学会正式发布了《图书馆服务宣言》（以下简称《宣言》）。《宣言》遵循国际图书馆组织几部重要宣言的基本理念，向社会公众宣示了中国图书馆人对于现代图书馆理念的基本认同。可以说，《宣言》的发布标志着中国图书馆人重建现代图书馆理念的工作初步完成。

对于国际图书馆界已经确立的现代图书馆理念，中国图书馆人对其已有了基本的认识。《宣言》中指出，中国图书馆人经过不懈的追求与努力，逐步确立了对社会普遍开放、平等服务、以人为本的基本原则。这表明，现代图书馆理念被我国图书馆人认同是一个曲折的过程，是我国图书馆人百年来"不懈追求与努力"的结果。而"逐步确立"一词，表明了对这些原则的接受是一个渐进的过程，同时也表明我国图书馆人仍将为之努力。

1902 年，徐树兰捐资创办古越藏书楼，这是中国图书馆事业史上从封闭的封建藏书楼向近代公共图书馆过渡的一次重大文化创新，通过革新藏书理论、藏书制度和藏书分编技术三步实现，宣告中国从古代藏书楼到近代图书馆的过渡大幕正式拉开。1904 年，在湖南等地出现了以图书馆命名的省级公共图书馆，随后，全国各地掀起了省级图书馆的建设高潮。但对照西方 1850 年以后出现的现代图书馆理念，我们很容易看到当时图书馆服务理念的不足之处。例如，清末官办公共图书馆规定"不得携带童仆幼孩"，采取阅览券的收费服务方式。晚清政府颁布的《京师图书馆及各省图书馆通行章程》体现了某些现代图书馆理念。例如，该章程第一条写入了"供人浏览"的图书馆宗旨，在第九条中规定"凡中国官私通行图书、海外各国图书，皆为观览之类。观览图书，任人领取翻阅"。这些规定相当于以法律的形式明确图书馆对社会开放的职能。当然该章程也存在许多缺陷，其中之一是没有提及现代图书馆理念的核心——对全社会成员"无区别服务"。辛亥革命后，我国图书馆发展方向开始发生转变，通俗图书馆和巡回书库代表了图书馆的发展方向。在服务方面，通俗图书馆不征收阅览费。随着通俗图书馆等普及性基层图书馆的建设，图书馆服务对象从知识界人士转向普通公众，稍后在上海还出现了免除图书外借押金的上海通信图书馆。但这些转变没有变成图书馆事业的主流，《京师图书馆及各省图书馆通行章程》中的思想缺陷，在将近一个世纪的中国图书馆事业发展进程中，一直没有机会得到弥补。1921 年，刘国钧发表《近代图书馆之性质及功用》，较为系统地表述了中国图书馆学家对近现代图书馆理念的认识。刘国钧将近代图书馆的特征归纳为八点，将近代图书馆的性质归纳为三点，其中有"公立""自由阅览""自由出入书库""社会化""平民化"等内容，透彻论述了"无区别服务"的现代图书馆理念。1923 年，杨昭悊发表了《人民对于公共图书馆之权利义务》，这是中国图书馆学家第一次讨论公民利用图书馆的"权利"问题。1926 年，李小缘发表《藏书楼与公共图书馆》称，"人人皆有资格为读者。皮匠、铁匠、小工、瓦匠、木工、学生、住家的、有钱的、无钱的、老的、少的、男的、女的，没有界限，一齐欢迎"。在稍后发表的《公共图书馆之组织》一文中，李小缘讨论了"免费"这一当时极少被人关注的问题，他认为公共图书馆属于公共地方，人们可不出资而利用。众多老一辈图书馆学家的研究成果表明，中国图书馆界对于"图书馆普遍开放""对所有人开放""人文关怀"等理念的认识与西方图书馆界的差距并不大。1949 年以后，以《公共图书馆宣言》发布为标志，国际图书馆界对于现代图书馆理念的认识上升到了一个新的高度。

1978 年后，中国图书馆学家的研究视野大大扩展。但由于先天性的理论底蕴不足及人文精神匮乏，学者对现代图书馆理念认识不深。当时黄宗忠、倪波等图书馆学家出版了一批图书馆学基础类教科书，该批教科书在论述近代图书馆时非常准确地指出了图书馆"对社会开放"的问题，指出了现代图书馆理念的一个根本点，但没有涉及"维护读者权利""平等服务""弱势群体人文关怀"这些理念，也没有提及《公共图书馆宣言》《图书馆权利宣言》这些重要文献。20 世纪 90 年代初开始，受市场经济思潮影响，同时也由于理论界对于现代图书馆理念认识的不足，理论家几乎是一边倒地选择了"市场化"作为图书馆事业发展的方向，现代图书馆理念几乎被完全遗忘。但可喜的是，一些图书馆学者意识到"市场化"对图书馆事业的可能危害，展开了一场关于"图书馆精神"的讨论。讨论的代表作之一是程焕文的《图书馆人与图书馆精神》。讨论中也出现了刘洪波的观点，即认为图书馆精神包含了"开放""平等和友善"等现代要素，特别批评了违背现代图书馆精神的做法，如"限制读者身份""限制读者借阅方式""残疾人服务异常欠缺""儿童阅读被忽视"等。刘洪波的观念更为贴近现代图书馆理念。

中国图书馆界对于现代图书馆理念的全方位研究，启动于 20 世纪末 21 世纪初。最初的研究是从图书馆人文关怀开始的。1999 年，吴希在《图书馆》发表一篇随笔，认为人文关怀并非图书馆一家独有，但图书馆最应该高举"人文关怀"大旗。2000 年，韩继章撰文论述图书馆人文化发展趋势，指出在我国图书馆界"读者平等地享用图书馆服务的理念尚未深入人心"。

2002 年，系统研究现代图书馆理念的成果开始出现。李国新发表了《对"图书馆自由"的理论思考》，这是《图书馆权利宣言》问世以后中国学者首次系统地研究公民利用图书馆的权利问题。该文明确指出，公众自由利用图书馆是公众的一种"权利"，并认为这一观点是 20 世纪 50 年代以后现代图书馆思想最重要的成就之一。同年，程亚男也发表论文论述公众权利，明确表述了"阅读是每一位公民的文化权利"的理念。

2002 年前后，关怀弱势人群的理念也得到张扬。研究者中最活跃的代表人物是李昭醇、谭祥金、黄俊贵、程亚男等一批图书馆管理者。他们的文章数量虽然不多，但将现代图书馆理念描述得十分清晰。如李昭醇在《公共图书馆为弱势群体服务的思考》一文中指出，公共图书馆为弱势群体服务可以说是从贵族藏书楼嬗变为平民图书馆之后与生俱来的神圣使命和天职，对于弱势群体，组织资源对于他们太虚幻，经济资源对于他们太稀缺，只有文化资源的公平公正配置才有可能使他们改变命运，也只有公共图书馆"有教无类"的平等、无差别服务理念和无偿服务原则为他们改变命运提供了可能。

2004 年，图书馆界以"百年图书馆精神"为主题，纪念中国近现代图书馆百年发展，这一活动启动了图书馆界研究现代图书馆理念的大潮。2005 年初，中国图书馆学会召开"新年峰会"，集中讨论"图书馆权利"以及相关问题。随后连续数年的年会主题，都围绕现代图书馆理念展开。一批杂志集中推出研究现代图书馆理念的栏目，这大大地推动了这一研究的发展，如《图书馆建设》的专栏"走向权利时代"，《图书馆》的专栏"21 世纪新图书馆运动"，以及《图书馆杂志》的专题讨论"图书馆员：职业精神与核心能力"等。"宣言"类文件也开始出现。2005 年 7 月，出席"数字时代图书馆合作与服务创新"国际研讨会的 50 余所高等院校图书馆馆长发表《图书馆合作与信息资源共享武汉宣言》，从高校图书馆管理的角度肯定了"平等服务"。2006 年 3 月，湖南省 120 多个公共图书馆馆长对公共图书馆事业的发展进行广泛探讨，形成并发布了《湖南公共图书馆共同愿景》，表达了"公共图书馆致力于向所有公众提供最广泛的知识和信息，使面向公众的、公平的知识和信息享有变为现实，不因公众的年龄、生理和健康状况、社会地位、种族、性别和文化背景等不同而区别对待"的理念。

五、图书馆的发展现状

（一）图书馆的建筑风格发生改变

新的时代环境对文化空间构造理念与功能提出了全新的要求。在新空间设计理论的影响下，与图书馆功能相似的机构，如书店、博物馆等，创建了新型阅读及文化创意空间，与图书馆一起汇成了一股文化新风。

1. 书店空间结构的创新

实体书店是满足社会广泛阅读需求的一个既商业又文化的机构。传统书店几乎没有空间设计可言，仅是一个摆满了各类新书供读者挑选购买的场所。在网络书店、数字内容传播的冲击下，不少功能单一的书店纷纷倒闭。据统计，2007—2011 年，中国倒闭的民营书店达一万多家。与此同时，很多新型书店创新理念，转变经营思路和模式，实现了浴火重生式的发展，在完成机构目标的同时肩负起城市公共文化空间的使命。许多实体书店通过唯美文艺的空间设计布局、功能拓展、文艺展览、举行沙龙活动等路径，升级更新为体验创意式的新型文化综合体，成为城市文化地标，展现出独特的文化精神风貌，维系并持续拓展读者群体。而今颇受追捧的钟书阁、先锋书店、西西弗书店、卓尔书店、不二书店、纸的时代书店等皆是以书店为基础的体验式创意文化综合体的代表。

新型书店的建筑设计通常都很有特色，一般延请著名设计师精心设计，进而成为当地的文化地标。如西西弗书店秉持"参与构成本地精神生活"的价值理念、"引导推动大众精品阅读"的经营理念，以"阅读体验式书店"为主要经营形式，以满足"客群心理共性趋势需求"为目标。除书店本身，西西弗还打造了"矢量咖啡""不二生活"等子品牌，以满足读者多元化需求及增强读者文化体验。西西弗书店如图 1-1-2 所示。

图 1-1-2　西西弗书店

2. 图书馆空间结构的创新

上海交通大学李政道图书馆是一个以图书馆、档案馆功能为主，兼具博物馆、科技馆、艺术馆功能，"五馆合一"的综合性场所，在空间构造上特色突出。全馆总建筑面积 6500 平方米，分为地下 1 层，地上 4 层，包括展览空间、阅览空间、办公空间等。其展览空间的主题为"以天之语，解物之道"，按照专题式编排，共分为"问道""悟道""传道""超弦"四个展区。"天之语"，是客观存在所传达出来的信息；"物之道"，是人类作为创造者，在不断地摸索和传承中发展出来的科学、文化和道德情怀。"以天之语，解物之道"是李政道先生一生的追求、感悟，也是展览区域想要表达的主题。在展览空间中，摆放大幅画作和雕塑营造氛围，放置代表性藏品讲述故事、表达主题，还充分使用各种多媒体设备营造氛围、增强互动性。此外展览空间还引入增强现实（AR）互动技术，利用软件进行视频讲解、文字讲解和动画讲解，并进行虚拟现实（VR）合影和在线留言，用科技手段提升了展览空间的感染力和吸引力。

清华大学图书馆的邺架轩于 2017 年 4 月 23 日正式开放，是清华大学图书馆与商务印书馆合作建成的一个书店型浸润式阅读体验中心。邺架轩区别于一般的书店，它更加聚焦思想文化领域，其目的在于希望清华学子有意识地培养自己、引导自己见贤思齐，使人文精神成为清华学生科技创新和进一步走向国际化的底蕴和灵魂。体验中心内层层的隔断与玄关设计让整个空间实现了私密与开放的统一。木制家具的装点、中国元素的运用、深色调的帷幕让整个体验中心更显优雅宁静，让读者能自在地寻觅好书，品味书香。邺架轩（如图1-1-3 所示）"服务阅读，引领阅读"的宗旨也使得其在未来发展的过程中不仅仅是清华师生"选书、购书的好场所"，更为大家带来"读书、品书的好回忆"。学校还邀请知名教授组成导师组，专门负责指导、组织学生的读书活动，开展读书沙龙和学术讲座，让邺架轩成为爱读书的清华人的好去处。

图 1-1-3　清华大学邺架轩

（二）图书馆运行形式发生变化

1. 真人图书馆

（1）真人图书馆的起源

真人图书馆又称活体图书馆。真人图书馆重视开展阅读推广活动，"以人为书"是这种活动的主要特征。具体来说,这是一种将个人的阅读行为立体化的活动。真人图书馆把"人"作为可借阅的书,把人的经历与知识作为读者阅读的内容,把"真人书"与读者的交谈作为书的阅读方式,以达到鼓励交流、分享经验的目的。

真人图书馆最早出现于丹麦。在2000年的春天,"停止暴力组织"在罗斯基勒音乐节上创办了一项新的活动,活动目的在于反暴力、鼓励对话和帮助参加活动的游客与其他人建立积极的关系,这是真人图书馆的雏形。连续4天,每天8小时,50多个不同的主题一共吸引了超过1000人参与活动,这使图书馆馆员、组织者和读者对这种活动的影响感到震惊。之后,该组织的成员之一罗尼·勃格创办了"真人图书馆"组织,和其他成员一起在不同国家培训活动组织者,组织"真人图书馆"活动。目前,全球超过70个国家成立了相应组织,开展真人图书馆活动。

在国内,"真人图书馆"的发展最早可追溯到2008年。当年,在上海交通大学图书馆承办的"数字图书馆前沿问题高级研讨班"上,美籍华裔图书馆学家发出在国内开展"真人图书馆"活动的倡议,并且与参会人员一起就相关问题进行了探讨。此后,有关"真人图书馆"的各种研究与实践逐渐开展起来。

国内高校图书馆首先采用"真人图书馆"进行服务的案例是上海交通大学图书馆的"鲜悦"品牌活动。同年,同济大学图书馆在第五届服务月活动中,也推出了"真人图书馆"服务。之后,石家庄学院、广东外语外贸大学、大连医科大学、南京师范大学等图书馆也陆续开展了"真人图书馆"活动。

(2)运作模式

"真人图书馆"活动根据"真人书"和读者的数量,可分为"一对一""一对多""多对多"这三种类型。

在早期的"真人图书馆"活动中,以"一对一"的形式为主,即每本"真人书"在同一时间仅和一位读者进行交流。这种形式方便"真人书"与读者进行私人的、深度的交流。但是随着"真人图书馆"的发展,其主要活动目的由最初的反暴力、鼓励对话转变为经验分享和学习交流,"一对一"的活动形式限制了参与活动的读者人数,活动效率较低。"一对多""多对多"的形式使得活动在同一时间能容纳更多的读者,"真人书"与读者的交流、"真人书"之间观点的碰撞、读者之间的互相学习有利于触发各种交流与思考,这样在有限的时间、空间里读者能够获得更多的经验,活动效果和氛围更好,因此"一对多""多对多"逐渐成为更常见的形式。

（3）特征

①主题范围广。作为活动开展核心的"真人书"，其选择范围非常广泛。他可以是某个领域的专家，也可以是有独特经历的人，尤其是高校中本身就有大量的教师、学者，各种有特长的学生，以及各行各业社会合作人士，这些都可以作为"真人书"的来源。每本"书"分享给读者的内容来自个人丰富的经验和感悟，可以带给读者更为深刻的体验。

②互动性强。"真人图书馆"活动中，读者的阅读行为通过和真人图书的交流实现，"真人书"分享的内容根据读者的提问而定，这样更有针对性。互动交流的形式易于激发读者的阅读积极性和提高读者的阅读效率。

③操作性强。"真人图书馆"活动的开展关键在于"真人书"的选择与读者需求的满足，活动的硬件要求不高，线下活动通常需要满足的硬件要求是符合活动人数需要的独立场所，而空间资源正是图书馆的优势之一。线上活动可以借助各种社交平台或者是现在蓬勃发展的直播网站等，在网络发达、各类电子终端盛行的今天也是非常容易实现的。

（4）实施细则

"真人图书馆"活动的开展关键在于活动组织、"真人书"挑选和"真人书"管理三个方面。

①活动组织。开展"真人图书馆"活动，需要成立一个固定的活动团队，这样才能保证活动的有效持续开展及不断深化。在高校图书馆中，活动团队既可以由图书馆工作人员组成，也可以由学生组成，或者由图书馆工作人员与学生共同组成。在有了固定的团队之后，组织者需要根据调研和相关经验制定活动章程，保证每次活动的流程，从"真人书"的征集挑选，到活动举行及后续管理都有可依据的规范和准则。

②"真人书"挑选。真人图书馆在挑选"书"的时候，选择主题及范围很广泛，同时由于读者类型固定，读者需求相对明确及统一，其所选的"书"大致包括学业指导、人生导向、考研留学、艺术欣赏、科研工作等几大类。

③"真人书"管理。"真人书"也是一种馆藏资源，需要进行资源建设与管理。在活动结束后，按照详细的"真人书"借阅规则，对"真人书"进行编目，对活动交流中不涉及隐私、经活动参与者同意的内容进行记录、整理，使隐性知识显性化；利用各种平台，为更多的读者提供服务，使资源的利用更加充分。另外，在开展活动的同时，随着经验的积累，不断完善活动的评价体系，使活动效果进一步提升。

2. 图书漂流

20 世纪 60 年代，一种新颖的书籍共享阅读方式在欧洲出现：人们将贴有特定标签的图书投放到公园、咖啡馆等公共场所，拾取到的人可以无偿阅读，拾取的人读完后，根据标签提示将书重新投放到公共环境中去，供下一位拾取者阅读。2001 年 4 月，罗恩·霍纳贝克创建了第一个图书漂流网站，基于网络的快捷传播，图书漂流活动开始风行全球。

2004 年，春风文艺出版社将三本畅销书放出漂流，拉开了中国图书漂流行动的序幕。2005 年 11 月，福州大学漂书协会成立，标志着图书漂流活动开始走进校园。其后，中国高校图书馆也开始采用图书漂流的方式来拓展阅读服务，使书籍的价值在不断的传阅过程中得到无限放大。南京理工大学图书馆自 2009 年起开始举行图书漂流活动。毕业生离校前夕，图书馆组织人员发起捐书活动。对于捐赠图书，图书馆进行登记造册，并让采编部择其适用者补充到馆藏中，未入藏的图书转到"爱心图书漂流架"进入传阅流程。两年时间内共漂流图书 4000 余册，其中约有 43% 的图书被学生反复传阅。由于活动取得了良好的成效，2010 年负责漂流图书管理的大学生读者协会在学校 80 个社团评比中获得十佳社团称号。

图书漂流是增强城市、社区及学校文化氛围的一种阅读推广形式。开展图书漂流活动关键在于形成有效的漂流运作机制，包括漂流图书的放漂与回漂管理方法、志愿者团队管理与协作方法等。另外，重视宣传推广，以及与其他机构合作开展影响面较大的活动也是图书漂流活动的组织者需要关注的方面。

（三）智慧图书馆的兴起

智慧图书馆把实体图书馆与数字图书馆结合起来，使图书馆成为一个虚拟与现实的结合体，人们对图书馆有了新的认识，图书馆有了新的发展方向。而图书馆所面向的用户和信息范围也随之变广，人们利用图书馆进行学习和科研的行为将逐渐成为习惯。

智慧图书馆打破了读者与图书馆的界限，使图书馆与用户可以脱离实体设备的限制。对于读者来说，在大数据时代信息蜂拥而至，信息的质量需要认真辨别，而图书馆提供的信息将是权威的存在。智慧图书馆的特点包括以下几个方面。

1. 网络化

从智慧图书馆的运营特征可知，高速无线网络是其运作的一个必备条件。要实现图书馆所有管理的自动化，就要将多种智能设备连上无线网，令其可以快速地运行。对于读者而言，他们在图书馆里也需要无线网络服务，从而更好地查阅资料。因此，高速的无线网络是一项必备条件，同时也是智慧图书馆实体建筑能够真正实现智能化服务的基础。

2. 环保化

智慧图书馆不仅有纸质书籍，同时还有数据资源，且其所占的比例在不断扩大。数据资源不但可以重复使用，而且可以快速地更新，实效性更强，用户使用时也更加方便。智慧图书馆应降低纸质资源的购买比例，在采购纸质资源的过程中，一般要做到精挑细选，对采购的质量要做到充分的控制，从读者的实际需求出发进行采购，确保纸质资源可以被高效利用。智慧图书馆利用先进的技术对室内温度、湿度进行智能化控制，利用环保材料进行装修，这些举措不仅可以实现环保、节能，并且可以令人们的多样化、人性化需求得到良好的满足。

3. 多样化

读者在使用智慧图书馆中的相关服务的过程中，可以体验到智慧图书馆所带来的各种高效的服务。读者进入图书馆之后，可以借助智能化、自助化的设备，更好地享受图书馆所提供的多样化服务。对于移动数据终端的用户而言，他们可以查阅移动数据资源，同时还可以获得移动互联网向其推送的个性化服务。读者可以借助自身的智能设备与图书馆工作人员进行实时的交流，这样图书馆工作人员的工作也可以更为智能化、更加轻松高效。自助图书馆的建立体现着图书馆服务的全方位延伸，24 小时开放的便捷服务系统，实现了图书馆服务的时间延伸；占地面积小，可灵活设置在各交通枢纽、街道社区，实现了图书馆服务的空间延伸。同时，每个自助图书馆都是图书馆网络化的服务终端，能够与中心图书馆数据库实时交互，以点至面，形成了覆盖全城的图书馆服务网络，读者可在任意一个自助图书馆进行信息查询，随时享受图书馆咨询服务的延伸体验。全自助式智能化操作模式，更是为读者营造了自由化、便捷化的服务氛围，其开放性让每一位市民都获得了平等使用的权利。

4. 便捷化

如今网络文学由于其方便获得，不受空间和时间限制的特点，而受到大众的欢迎，这对图书馆的发展造成了一定的冲击。但是，至少在现阶段，网络文学在文献质量上无法与图书馆文献相比。并且网络文学经常暴露出把关不严、内容参差不齐、信息泛滥等问题，其模式也并不适合青少年和老年人。为了市民阅读氛围的营造和城市文化的延续，减少读者浅阅读的相关问题，自助图书馆可以作为公共图书馆的延伸，将图书馆服务送出去，变被动服务为主动服务，设立在街头、社区、地铁站、商场、医院等各种人流量大的区域，将阅读和书籍固化为居民生活中的重要元素，时刻提醒着市民，阅读是一种积极向上的生活态度。唾手可得的信息资源，全天候服务的借还设备，以点带面的服务网络，更有利于知识与文化的传播。其开放性、便利性降低了阅读的门槛，吸引人们回归传统阅读方式，让阅读成为市民的生活习惯。同时，资源的合理配置、布点的科学规划等方面也是影响自助图书馆效果的重要因素。

当前我国自助图书馆普遍存在文献载体类型单一、文献种类少、更新不及时等问题。大部分城市的自助图书馆只提供纸质图书的借阅服务，根据现实需求，其可以适当增加期刊、视听资料等的借阅服务，丰富文献载体。同时自助图书馆由于其体积小、藏书量少的特点，应不断优化服务资源，从图书供给的针对性上下功夫，加大力度研究用户需求，进一步优化图书馆藏资源，有针对性地补充书籍资源。例如，采用调查问卷的方式，了解用户感兴趣的文献；举办"你选书，我买单"的活动，征集书单；查询各类图书销售平台的图书畅销榜、热卖榜等各类榜单；结合布点区域的人口结构、借阅情况统计，有针对性地定期投放；在进行书籍上架排列时，注重分类，同类书籍放一起，方便读者找书。目前大部分的自助图书馆都具有图书预借功能，每年自助图书馆的预借量都在不断增长，可见重视建设规模的同时，更要重视服务功能的完善。为了满足读者日益多样化的阅读需求，自助图书馆应加强服务功能拓展，如预借功能附加快递送书上门服务等，增强互动服务功能，做到知用户所想，使其成为一款有"温度"的产品。

六、新时期我国图书馆转型

（一）时代背景

随着信息技术的高度融合和互联互通，大众的生活方式、工作方式等都发生了翻天覆地的变化，包括图书馆在内的各行各业都面临产业转型升级带来的挑战。总体上来看，我国各种类型的图书馆都呈现出较好的发展势头，整体资源水平和服务能力都有较大提升，但距离全面满足用户信息需求还有较大差距。通过转型，图书馆能够优化工作流程，节约运行成本，提高服务质量。那么，社会发展给图书馆提出了什么新要求？图书馆发展面临什么样的挑战？这是研究图书馆转型首先需要明确的问题。

近年来，国家图书馆所提供的一些到馆咨询服务，如口头咨询、现场代查服务的使用频率整体上也呈下降趋势。大数据时代，图书馆的基本职能发生转变，业态发生巨大变化，图书馆必须通过调整服务形式和馆员结构来应对。在大数据环境下，图书馆应逐渐实现资源数字化、服务网络化、管理智能化，以适应新的行业生态，重塑社会权威地位。

图书馆作为公共文化产品服务供给的重要组成部分，应发挥自身特有的资源和服务优势，转变传统思维定式，突破传统服务职能，实现服务方式转型，增强为经济服务的意识，成为创新的支撑机构。图书馆要拓展服务内容，及时提供就业信息与就业培训服务；利用自身的信息优势，主动为地方经济振兴提供信息服务；在合法条件下，为企业提供有价值的实用技术资料和合适的专利信息；为科技成果转化提供相应支撑。在经济发展压力下，图书馆应与时俱进，调整经济结构和空间结构，走内涵集约发展的道路。

如今社交媒体、网络公司也在与图书馆抢夺市场。新的阅读介质较传统阅读介质对读者更具吸引力，碎片化的"轻阅读""浅阅读"趋势明显。基于搜索的互动式知识问答分享平台，逐步占领问答咨询市场，不仅有目录式搜索、机器人搜索等多种搜索方式的支撑，搜索效率和人性化程度都大大提高。除此之外，图书馆传统的服务难以满足用户的新需要。随着智能网络、社会计算、大数据技术的应用与普及，图书馆的服务必须加大深度。但实际情况是部分图书馆还只能提供"百科式"的咨询服务，移动数字类服务也并不普及，图书馆需要彰显自身服务与网络信息服务不同的特点，这就给图书馆提出了更高的要求，加大了转型过程中存在的不确定性。

（二）图书馆转型原则

在网络环境下，人们要求更加省力地无缝获取信息。为了适应变化，图书馆在实践中探索出多种新型服务模式，例如24小时无缝服务模式、真人图书馆、创客空间等。我国图书馆转型需要遵循以下原则。

1. 风险识别原则

图书馆转型路径多样，转型节奏也不尽相同，但不同的转型方式可能面临相同或相似的风险。转型是一个长期的过程，在确定风险因素时应遵循相关原则，从而全面、系统和科学地识别风险。

2. 全方位原则

图书馆转型是内外因共同作用的结果，这就要求在识别风险时不仅要考虑图书馆的本身情况，还应该考虑周边的环境，如宏观经济、行业状况、政策支撑等。全方位原则就是要求，全面完整地识别出影响计划实施的风险，不因为转型实施者的某些主观因素而遗漏一些风险。为保证全方位识别风险，图书馆转型时可以从多个角度进行风险识别，主要包括时间角度和空间角度。时间角度具体指从图书馆转型的各个阶段识别风险，空间角度指从不同的转型结果、不同的工作内容识别风险。

3. 系统性原则

图书馆转型是一个长期的过程，可能只是图书馆某项业务的改进、某种服务的创新，也可能涉及图书馆整个业务流程，促使图书馆整个结构发生变化。这就要求转型实施者要从全局的角度系统地识别风险。系统性原则主要表现在按照图书馆转型活动的内在流程、顺序、内在结构关系识别风险。

4. 重要性原则

重要性原则强调风险识别要有所侧重。对重要性的评判应该集中在以下两个方面。

（1）风险属性

集中力量首先识别一些重要的风险，即会带来较严重后果的风险，对一些影响较小的风险可以选择性地忽略，这样可以降低成本。

（2）风险载体

风险载体指风险的直接承受者，对于那些可能对转型整个周期都具有一定影响的风险要尤为重视。全方位原则和系统性原则保证了风险识别的效果，而重要性原则保证了风险识别的效率。从转型的总目标来看，风险识别的效率和效果都必须考虑，不能忽视任何一方。

图书馆转型虽然伴随着风险，但并不意味着风险一定会发生，很多不确定性事件并非在产生之初就是有很大破坏力的风险，风险是在不断演化的。图书馆发展的客观要求加快了图书馆转型的步伐，但业态环境的不确定性又制约了图书馆的转型，社会发展瞬息万变，事物之间互相联系、互相依存、互相制约。人们对于新兴事物的接受，以及认识和抵御风险能力的不断提高，在一定程度上也改变和控制了某些风险环境和应用条件。这些变化也必然会引起风险性质、风险大小的变化，新风险会伴随新事物的产生而到来。

第二节　图书馆的作用与功能

一、职责作用

（一）保护文化遗产

图书馆的一项重要职责就是保留人类发展过程中产生的各种文明，也就是保存人类文化遗产，而这也是图书馆产生的一项根本原因。因为有了图书馆这一机构，人类在社会实践中所取得的经验、文化、知识才得以系统保存并流传下来，成为今天人类宝贵的文化遗产和精神财富。

（二）教育职责

随着资本主义大工业的产生与发展，社会对工人的要求也发生了一定变化，要求他们要具备更多的劳动知识和劳动技能，图书馆从而真正走入平民百姓，担负起了提高工人的科学文化知识水平的任务。现代社会，图书馆成为继续教育、终身教育的基地，担负了更多的教育职责。

（三）信息传递

对于现代图书馆来说，其一项重要的职能就是传递科学情报。图书馆丰富、系统、全面的图书信息资料，成为科学情报传递工作的物质条件。在信息社会，图书馆的科学情报功能将得到加强。

二、馆藏职能

（一）资源收集

在图书馆工作中，一项最基础的工作就是资源收集。图书馆馆员首先要明确本馆的收藏原则、收藏范围、收藏重点和采选标准，了解本馆馆藏情况、文献的种类与复本数、各类藏书的利用率和使用寿命、哪些书刊可剔除、哪些书刊要补充等，此外还需掌握出版发行动态，然后以采购、交换和复制等各种方式补充馆藏。

（二）整理归类

文献整理是图书馆更好地管理图书，更好地提供服务的基础，包括文献的分类、主题标引、著录和目录组织等内容。文献分类不仅为编制分类目录和文献排架提供依据，也便于图书馆统计、新书宣传、参考咨询和文献检索等。文献主题标引是根据文献内容所讨论的主题范围以主题词来揭示和组织文献的。文献分类和主题标引是揭示文献内容的重要手段，文献著录则是全面、详尽地揭示文献形式特征和内容特征的主要手段，它便于读者依据该文献的各种特征确认某种文献，获得所需文献的线索。图书馆馆员把各种款目有序地组织成图书馆目录以揭示图书馆馆藏情况。图书馆目录是检索文献的工具，也是打开图书馆这个知识宝库的钥匙。

三、服务功能

图书馆作为"第三空间",能够为社会人群提供相互交流、沟通、学习的平台,真正贯彻"以人为本"的理念。图书馆还可以了解用户需求,打造与众不同的个性化服务,给人们一个可以畅所欲言、放松自己的外在环境。

(一)服务普遍化

"第三空间"领域要提供普遍化服务。图书馆应成为人们休闲、娱乐的好去处,图书馆这种完全开放的空间能让平日里劳累的人们有一个放松的环境,图书馆是一个可以在节假日里陪同亲人一起出行丰富见识的场所。图书馆要面向大众开放,真正的开放能塑造图书馆的新面貌,让用户与用户之间得到更好的休闲沟通,也使用户得到更多的帮助。

(二)服务便利化

在空间方面图书馆应该结合现代多元化思想,把用户按照类型分类,致力于打造多元休闲空间。人们应把现代休闲理念引进图书馆,在图书馆内设置能够满足用户娱乐、学习要求的场所。同时,人们应积极打造具有创新性质的活动,吸引不同类型的用户,让用户最大限度地实现参与,拉近图书馆与大众的距离,重新塑造图书馆的形象。

四、休闲功能

(一)公益性

图书馆作为一种非营利公共场所,其本质属性是服务群众,在开展相关活动时,必须遵循公平、公开、透明的原则。活动的场所和宣传等都要重点突出公益性的价值观念。

(二)价值性

图书馆的休闲发展趋势要以图书馆的基本社会价值为前提。从目前学者的研究来看,其基本社会价值可以划分成两类价值观念:第一类,图书馆是知识、文化、文明积累的宝库,是社会大众终身学习、传承文化、传播信息的平台,图书馆对提高国民整体文化素质和修养起到了助力作用;第二类,图书馆是促进精神文明传承的有效动力，是促进和平发展、人们生活幸福的有力保障。

从我国现状来看，图书馆这颗文化的种子，已经在各处开花。而花的种类和色彩也因不同地区的"文化土壤"不同而有所不同。在大力发展图书馆休闲功能的时候，我们更要把控其发展的方向，不能任由其发展；要"取其精华，去其糟粕"，把用户需要的、有价值的东西引进来，把庸俗的东西剥离出去，只有这样才能实现图书馆的全面发展。

不仅如此，我们还要分析社会休闲动态，引领社会大众休闲文化，倡导正确休闲方式。

（三）发展性

图书馆馆员在倡导图书馆的休闲功能时，态度要不骄不躁，各种类型的图书馆都要充分发挥其特点，整合相关资源。图书馆馆员要促进图书馆休闲功能的合理发展与宣传，要采用"寓教于乐"的形式，重点强调图书馆与其他娱乐场所的不同本质，着眼于和中国传统文化、各地方特色文化的紧密结合，保留其文化内涵，发挥其文化价值。从用户的角度出发，馆员应合理布局，挖掘"休闲阅读"的内涵，尽自己所能地满足用户的各项需求，落实"以人为本"的理念。此外，馆员还要加强对图书馆休闲型公益事业的策划，助力其发展，促进各阶层人士相互交流，打造社会主义和谐社会。

图书馆的使命是满足用户需求，可想而知增强图书馆的休闲功能，着眼于用户休闲体验是当务之急，也是实现图书馆迈向现代化建设新征程的关键一步。在实际的学习中，我们不能单单依靠学校教师课堂上的教授，我们更应该在课堂外进行相关内容的学习，拓宽自己学习的广度，培养自己的学习兴趣。在社会中，人们更应该时刻补充知识，紧跟时代步伐。图书馆作为大众的终身教育课堂，更应该努力打造具有自主教育功能的学习空间，为社会大众提供接受终身教育的机会。更重要的是图书馆要渗透"休闲"理念，让自主教育变得轻松、灵活、多样，这样不仅可以更加有效地宣传图书馆的教育形式，更能提高社会大众学习的灵活性和机动性，给我国"自主教育"添加活力。

图书馆积极倡导终身教育与自我教育，以用户喜闻乐见的方式服务于用户，这有利于培养用户的学习兴趣，拓宽用户的精神视野，提升用户的审美能力。

（四）服务性

构建公共服务体系，可以促进不同地区、不同人群、不同文化的和谐发展，这与图书馆休闲功能开发的目的不谋而合。图书馆作为现代公共服务体系中的一条重要分支，其休闲产品与服务可以提高社会群众整体幸福指数。开发图书馆休闲功能，实际上也间接完善了公共教育服务体系、公共文化服务体系和公共社会保障体系，可见其发展的必要性。

（五）价值性

1. 文化价值

整个社会处于充满文化气息的世界中，文化为休闲提供了一个良好的空间环境，它是休闲得以发展的重要基础。图书馆本身就是集聚了众多人的公共场所，其内部收藏了大量宝贵的人类文化资料，在图书馆内读者可以感受和学习不同的文化，体会不同文化之间的融合魅力。人们在图书馆的休闲环境中，可以自由地选择自己喜欢的图书，提高自己的品位，让生活更加丰富多彩。

2. 生态价值

生态价值其实就是人对自然界本质的一种追求。人性本善，人在岁月的长河中更加需要看到真、善、美，追求最原始的、最简单的、最低碳的生活。休闲的生态价值其实可以从两方面来体现，其一是人与自然的和谐共处，其二是为子孙后代造福。在人与自然和谐共处基础上，人们应该时刻珍爱生命，不仅珍爱自己的生命，更要珍爱身边的花草树木，珍爱地球上一切繁衍孕育着的生命，也要提高自己的素养，从最基本的节约水、电、煤气等入手，提醒自己生态环境的重要性，时时刻刻让自己融入自然界中。

人的一生除了自我价值的实现外，最重要的其实就是造福子孙后代。在我国环境保护法的制约下，各类机构更应该积极利用新能源来有效节约不可再生资源。绿色图书馆的打造，成为新时代图书馆的潮流，大量使用绿色植被和低碳环保能源，让图书馆成为环保的标杆。总之，图书馆要以一种积极、健康的心态去面对今后的道路，把复杂的东西简单化，打造一种自然的状态。

3. 经济价值

人类的进步不仅需要从大自然中获取资源，同时也要通过我们自身来创造所需要的物品。休闲咖啡屋、快乐自助农场、生态健身运动场等，这些随处可见的休闲产业都需要我们去开发、去创造，也需要一定的商业基础规定和法律加以调控。在生活中我们可以发现，很多的休闲活动是要付费的，如休闲器械由特定的供应商来提供，在供给者和消费者能够达成一致的情况下，就衍生出休闲产业，同时每一个产业都需要其他产业进行配合，这样才能形成一个休闲产业链条。图书馆作为公益性场所，可以让用户不花一分钱，畅快于其中放松自我，并且图书馆的使用功能更贴近用户的生活。图书馆与相关休闲产业公司合作，也可以促进我国经济的可持续发展。

4.政治价值

休闲的政治价值其实就是对现有社会各层次的一种打磨，让社会整体结构更加统一化，消除阶层化。当今社会是一个讲究平等、自由的社会，人们在图书馆中进行休闲活动，还可以结交各类朋友，这有益于社会整体的和谐和可持续发展。

休闲的政治价值还表现在维护社会安定团结上。图书馆休闲功能的开发可以促进社会的发展，推进文明的进步。人们的幸福水平直接影响一个国家的政治、经济、文化的发展，图书馆大力打造休闲活动及休闲服务的大众化应用，有利于保证社会安宁，让更多的人享受社会的福利待遇，这样也能极大地提高社会产出的效率。

五、多样化功能

（一）查阅功能

随着科技的发展，出版单位出版了大量的印刷书籍。信息的更新促进了图书的更新换代，现在的图书馆一般都有藏书区和阅览区两大区域。借助新的科学技术，藏书区的采光、通风和结构更加符合人们的阅读需要。图书阅览区开放程度不断提高，且与其他功能空间连接，有利于提高阅读效果。

（二）求知功能

当代图书馆是人们学习、交流、沟通的场所。大众可以在图书馆大楼的自习区阅读图书，也可以在规定区域交流学习，在这样一个轻松自由的环境中，人们的求知欲也更强。充分利用图书馆中的各类资源，发挥图书馆的社会教育功能，是对现代教育和社会培训体系的重要补充。

（三）娱乐功能

舒适性的提高让人们更愿意到图书馆进行交流与学习。增加的餐厅、咖啡厅、茶吧等休闲区域，可以更加全面地满足读者的需要；而在电子阅览室的视频休闲区里，人们可以看电视剧、电影、戏剧等，这有利于满足人们多方面的精神需要。

（四）艺术功能

当代图书馆在传统图书馆的基础上添加了更多的功能空间，设置了多种社交场所，丰富了大众的业余生活。

① 青少年阅览区。图书馆设置专门的儿童阅览区与少年阅览区，为孩子们提供一个都是同龄人的学习环境，有利于孩子们的成长。

② "一站式"服务。图书馆提供文件的回收、打字、复印、扫描等全方位的综合服务，这不仅提高了图书馆的利用率，同时也节省了读者的时间，方便了读者借阅图书。

③ 视听室。读者可以在业余时间在视听室看电影，一些公共图书馆还与管弦乐队合作，定期举办小型音乐会，让读者感受音乐带来的快乐。

（五）商业功能

随着社会的发展，图书馆可以开展非公益活动，如图书馆里渐渐出现了甜品店、奶茶店、小超市等场所，而且有的图书馆每周也可以接待两批新人举办婚礼，前提是不打扰他人的阅读和学习。这些方式不仅让人们在图书馆留下美好的回忆，还给图书馆带来一定的收益。

（六）环保美学功能

随着人们环保意识的提高，图书馆不再是一座简单的办公楼。在新形势下，建设绿色图书馆意味着充分利用自然资源，使用不会对环境造成危害的建筑材料。绿色图书馆有利于保护环境，可以惠及国家的社会效益和经济效益。图书馆的传统建筑主要采用木结构，在当今社会，钢结构的使用在现代图书馆中最为普遍。钢结构的使用，最初是为了满足空间、荷载、跨度等方面的要求，不仅使空间更加开放，也使空间关系更加灵活。作为一种复合技术，钢结构的发展也给建筑空间的创新带来了惊喜。随着计算机技术和数字处理技术的发展，建筑精密度显著提高，建筑空间的自由度也得到了提升。随着图书馆建筑技术的发展，传统空间的边界变得模糊，这显著提高了空间的品质，有利于充分发挥图书馆的收藏和阅读功能。

第三节　图书馆的分类

由于社会分工逐步向专业化方向发展，人们对图书馆的需求也越来越复杂多样，因而就产生了各种不同类型的图书馆。划分图书馆类型的目的，就是从各种图书馆的性质、藏书结构、服务对象、业务工作等方面出发，掌握不同类型图书馆在这些方面的特点和发展规律，科学地制定适合各类型图书馆的具体工作方针；根据实际情况，在全国或某一地区内对图书馆事业的发展做出全面规划和统筹安排，以求做到图书馆类型配套、布局合理，从而满足社会不同领域读者的需要。

所谓图书馆类型，就是按照一定的标准综合、分析、比较所有图书馆的特点而形成的彼此之间具有相异性和特殊性的图书馆群体。在不同的国家、不同的情况下，划分图书馆类型的方法也不尽相同，通常有以下划分方法。

按行政领导系统来划分，有文化系统的公共图书馆、教育系统的学校图书馆、科学院所系统的图书馆、工会系统的图书馆、军事系统的图书馆、工矿企业系统的图书馆和政府系统的图书馆等。

按藏书结构划分，有综合性图书馆、多学科性图书馆、专科性图书馆、通俗图书馆等。

按读者对象划分，有儿童图书馆、青年图书馆、盲人图书馆、少数民族图书馆、普通图书馆等。

按其主要任务划分，有科学图书馆、大众图书馆等。

按藏书规模划分，有大型图书馆、中型图书馆、小型图书馆。

一般来说，一个国家只采用一两种图书馆类型的划分标准。我国习惯上按行政领导系统来划分图书馆的类型。因此，我国往往把图书馆划分成公共图书馆、高等学校图书馆、科学与专业图书馆、工会图书馆、军事图书馆等几种类型。其中公共图书馆、高等学校图书馆、科学与专业图书馆的藏书体系最为完整，技术力量最为雄厚，是我国图书馆中三个比较大的基本类型。它们是我国图书馆事业的支柱，起着藏书中心、协调中心和服务中心的作用。

一、公共图书馆

公共图书馆是面向社会和面向公众开放的图书馆。联合国教科文组织认为公共图书馆是一种教育的、文化的民主组织，是社会的文化中心。在我国，它是社会主义教育、科学、文化事业的重要组成部分，是学术性的社会服务机构。

公共图书馆起源于古代西欧国家，普及于19世纪初，是资本主义生产方式取代封建主义生产方式的产物。公共图书馆的出现，标志着图书馆事业走向成熟，也意味着图书馆从一种仅仅是保存文化财产的单位转变成一种社会教育机构和科研辅助机构。公共图书馆的规模以及被利用的程度，通常被认为是一个国家科学和文化事业发展水平的标志之一。

世界上最早根据法律建立的公共图书馆是英国曼彻斯特公共图书馆，到了19世纪末20世纪初，英国、美国、瑞士等都建立了比较发达的公共图书馆系统，我国的公共图书馆最早出现在20世纪初，建立最早的公共图书馆有浙江、湖北、湖南等的省图书馆，此后，我国公共图书馆的数量有了很大的发展。

作为一种社会文化教育机构，公共图书馆的藏书是综合性的，能够满足全社会各个文化层次的读者的需要。它一方面通过对优秀书刊的宣传推荐，提高读者的思想觉悟；另一方面通过书刊普及科学文化知识，提高全社会的科学文化水平。我国的公共图书馆是利用书刊对人们进行爱国主义、社会主义、共产主义教育，传播科学知识和科技情报的科学、教育、文化事业机构。

公共图书馆按其藏书数量可划分为大、中、小三种类型；按服务范围可划分为全国性的和地区性的两种类型。我国的公共图书馆除国家图书馆之外，均是按行政区划建立的，包括省（市、自治区）图书馆、县（市、区）图书馆等。

（一）国家图书馆

国家图书馆是由国家创办的面向全国的中心图书馆。它代表了一个国家图书馆事业的发展水平，也反映了这个国家文化教育事业的发达程度。

国家图书馆大体上可分为四种类型：一是公共图书馆兼作国家图书馆，如中国国家图书馆；二是议会图书馆兼作国家图书馆，如美国国会图书馆和日本国立国会图书馆等；三是大学图书馆兼作国家图书馆，如芬兰的赫尔辛基大学图书馆和挪威的奥斯陆大学图书馆等；四是科学图书馆兼作国家图书馆，如罗马尼亚的国家图书馆等。

一般来说，某一国家的国家图书馆是该国图书馆事业发展的主要推动者，是该国各类型图书馆工作的指导者。国家图书馆在全国图书馆的各项工作中起中心主导的作用。国家图书馆的地位和作用主要体现在如下几个方面。

1. 是一个国家的图书资料资源中心

它全面系统地收集、保存各种文献，使之成为本国书刊资料查询、检索和借阅的基地。许多国家实行的呈缴本制度，可以保证国家图书馆成为名副其实的国家总书库。国家图书馆在全面系统收集本国出版物的同时，还拥有丰富的外文馆藏。国家图书馆根据本馆的服务对象和方针任务，有重点、有选择地采选国外出版的外文书刊资料，力求全、新。国家图书馆还能通过馆际交换、国际互借等方式满足读者需要。

2. 是国家的书目中心

书目是揭示与报道藏书的工具和提供科技情报服务的重要手段之一。国家图书馆把编制各种书目作为基本任务之一。国家图书馆编制国家书目及全国性的回溯性书目，组织集中编目，编印统一的目录，制定标准化的编目条例，并组织编印全国联合目录，建立全国的书刊联合目录报道体系。

3. 是国家图书情报中心

国家图书馆将科学研究人员作为主要服务对象之一，针对科研人员的需要，积极提供科学情报服务。由于社会的不断进步和现代科学技术的日益发展，传统的图书馆已不能满足现代社会发展的需要，科学情报服务已成为现代图书馆的重要服务方式。事实上，现代图书馆已成为科学情报体系中的重要组成部分。国家图书馆作为全国的藏书中心，必须提供情报服务，同时在国家情报体系的图书馆部门中起领导作用，并积极参加国家情报体系的规划及发展工作。

4. 是促进图书馆技术设备现代化和组织图书馆网络化的中坚力量

国家图书馆有责任率先进行图书馆现代化技术设备的研制、试验和运用工作，并负责予以推广。由于担负了组织全国图书馆网络化的调研和协调工作，因而国家图书馆处于全国图书馆网络的中心位置上，在推动图书馆现代化的进程中具有举足轻重的作用。

（二）省（直辖市、自治区）图书馆

省（直辖市、自治区）图书馆是我国公共图书馆系统的主干和核心力量，也是各地区不同系统、不同类型图书馆之间联系的桥梁。省（直辖市、自治区）图书馆是国家主办的综合性的公共图书馆，是全省（直辖市、自治区）图书馆间协作、协调及业务研究、交流的中心。省（直辖市、自治区）图书馆具有藏书综合性、读者广泛性、服务方式多样性等特点。

藏书综合性指省（直辖市、自治区）图书馆具有根据本地区政治、经济、文化特点而建立的各学科知识门类齐全的综合性藏书体系。其藏书不仅具有学术性、科学性等特点，而且具有通俗性和普及性的特点，以适应不同类型读者的广泛需要。同时省（直辖市、自治区）图书馆考虑了地域性的因素，因此其一般都收藏有大量地方文献。

读者广泛性指省（直辖市、自治区）图书馆的读者包括不同职业、年龄和文化程度的成员。这种特点造成了读者需要的多样性，给图书馆带来了较复杂的工作任务。

服务方式多样性体现在省（直辖市、自治区）图书馆是该地区的中心图书馆，在地区图书馆网络中起着中心枢纽的作用。省（直辖市、自治区）图书馆担负着协调本地区各图书馆的关系和对下级或基层图书馆进行业务辅导的责任，与本地区图书馆事业的业务水平和发展状况有着直接的关系。

（三）市（县、区）图书馆

市（县、区）图书馆是公共图书馆系统中数量最多的一部分，是国家最重要的基层图书馆，联系着最广泛的读者。它的普及程度是衡量一个国家图书馆事业发达程度的重要标准。

在为科研和人民群众服务的总原则下，市图书馆的服务对象主要是本市的厂矿企业及科研单位的人员；县、区图书馆的主要服务对象为机关事业单位及乡镇企业职工、中小学生、农业科技人员及广大农民。

市（县、区）图书馆的任务包括以下几个方面。

①以普及为原则，根据本地区实际需要，建立一个综合性的藏书体系，在藏书内容方面应注重普及与提高相结合。

②针对本地区经济发展和科研需要，有重点地开展流通阅览活动。同时，利用借书站和流通点等，送书到基层，普及科学文化知识，提高人民群众的文化水平。

③开展阅读辅导，建立以市（县、区）图书馆为中心的基层图书馆（室）网络，组织协调基层图书馆（室）开展协作活动。

④根据现有条件和实际需要，开展编制专题索引工作和专题服务工作。

各级公共图书馆都必须强化其情报职能，面向社会、面向经济建设和科学研究，通过各种服务方式和手段，进一步开拓服务领域，为社会发展服务。

二、高等学校图书馆

高等学校图书情报事业是高等教育事业的重要组成部分，也是国家图书情报事业的重要组成部分。教学科研队伍、图书馆和实验室被称作现代高校的三大支柱。高等学校图书馆是高校的心脏和学生的"第二课堂"，它的规模和质量是衡量高等学校教育水平的重要标准之一。

高等学校图书馆最早产生于中世纪的欧洲。著名的牛津大学图书馆正式建立于 1602 年，其他诸如剑桥大学图书馆、哈佛大学图书馆都是历史上著名的高等学校图书馆。

我国第一所近代高等学校图书馆是京师同文馆书阁。到今天，大学图书馆已有 100 多年的历史。中华人民共和国成立后，我国高等学校图书馆事业迅速发展。从世界范围看，高等学校图书馆的迅速发展主要是近几十年来的事。

三、科学与专业图书馆

科学与专业图书馆属于专门性图书馆，它是依靠一些专门人才及其所掌握的专门知识，致力于科学文献的加工工作，向科学工作者提供最新文献和情报资料的机构。在我国，科学与专业图书馆是按专业或系统组织起来的，在各个专业或系统内，目前已形成了一个上下沟通、紧密联系的图书馆体系，主要包括各科学院系统图书馆（室）、政府所属研究院（所）图书馆（室），以及大型厂矿企业的技术图书馆等。科学与专业图书馆是我国图书馆三大系统之一，是为科研和生产服务的重要部门。

科学与专业图书馆是伴随各种科研机构的建立，为满足工业和商业组织及其研究人员的特殊需要而产生的。在我国，科学与专业图书馆主要出现在中华人民共和国成立以后，并且得到了迅速发展。

（一）性质和任务

科学与专业图书馆是为科研和生产服务的学术机构，其本身也是科学研究部门的重要组成部分，在科学研究、生产建设方面起着"耳目""尖兵""参谋"的重要作用。主要职能是传递科学情报、为科学研究和生产技术服务。其主要任务包括以下五个方面。

①结合本系统本单位的科研任务与科研方向，遵循侧重基础、侧重提高的原则，确定资料收藏范围，加工整理和提供国内外科学文献，掌握国内外主要科技图书的出版动态，不断开拓搜集渠道，充实科技文献和情报资料的馆藏，为科研和生产服务。

②面向经济建设，为科学研究提供情报服务，深入调查研究国内外科学技术的发展情况，围绕经济建设中有重大效益的科学技术问题，及时收集、分析和提供国内外科学情报资料，同时也应重视对基础科学研究的情报服务。

③组织科学情报交流活动，编译出版图书情报刊物，报道有关学科的最新理论和技术。

④对本系统所属的图书馆和情报单位进行业务辅导，加强图书情报队伍的建设，做好图书情报的协作协调工作，参加国内外的学术交流活动。

⑤开展图书情报工作的理论、方法和现代化手段的研究。

（二）特点与作用

科学与专业图书馆虽然类型很多，有综合性的，也有专业性的，但它们具有一些共同的特点，主要表现在以下四个方面。

1. 藏书体系具有很强的专业性和学科性，能反映该领域的先进水平和研究动向

科学与专业图书馆的藏书内容专业性强、水平层次高，专业书刊收集齐全。科学与专业图书馆注重按照本单位的科研方向建立文献情报收藏体系，收集反映国内外最新理论和技术成果的资料，入藏的文献多为高水平的、经过精选的专著及有关工具书，同时，其也注重全面收集符合本单位需要的文献资料，对文献资料的国内、国际交换工作十分重视。

2. 在管理体制和内容上大多实行图书情报一体化

图书情报一体化，就是图书文献工作和资料情报工作统一在一个部门内进行，也指两者形成统一的管理体制。科学与专业图书馆普遍将图书馆作为科学与技术信息传递的重要机构，将情报工作统一到图书馆内进行。实践证明，图书情报一体化有利于图书文献工作与资料情报工作的平衡和发展，避免重复分散，对实现文献工作标准化和图书情报资源共享，以及图书情报工作的现代化，都有很大益处。同时，这也给用户使用文献情报带来更大的方便。

3. 服务对象主要是科学工作者和工程技术人员

科学与专业图书馆的读者，文化水平和专业知识水平高，熟悉本专业领域的文献资料，有一定的科研能力。因此，科学与专业图书馆除提供借阅服务之外，还广泛开展定题跟踪服务工作，接受回溯性专题检索，编制各种专题文献索引和提供参考咨询服务，工作中特别重视情报资料和外文书刊的分析和利用。

4. 业务工作规范科学，有较丰富的工作经验

科学与专业图书馆比较重视情报资料的收集和提供，工作深入而细致。工作人员积极进行情报调研和分析，注意课题的国内外发展现状、动向和有关数据，不断向科研人员和领导部门提供分析报告和有科学价值的资料，及时组织科技情报交流活动，报道最新的理论成果和科研信息，充分发挥科技的"耳目"和"参谋"作用，并积极采用现代化技术和设备，使科技情报的检索、传递、报道朝着网络化的方向发展。

四、其他类型图书馆

除了上述三大类型图书馆，作为完整的图书馆类型体系的重要组成部分，还有以下三种类型的图书馆。

（一）版本图书馆

版本图书馆指的是根据国家的有关规定被指定收藏本国出版部门免费缴送的图书的图书馆。它的主要任务是为国家征集、管理和保存全国出版物的样本。其特点是收藏范围广、版本全、种类多、系统性强，所藏书刊不外借，不接待读者阅览。我国的版本图书馆成立于1950年，根据我国的呈缴本制度，收藏保管全国各出版单位缴送的样本，并且为有关部门提供出版资料。

（二）军队图书馆

军队图书馆包括军事领导机关图书馆、军队院校图书馆、军事研究院（所）图书馆和连队图书室几种类型。一般来说，军事领导机关图书馆主要是向部队各级指挥员提供军事理论及作战指挥方面的书刊资料的，其藏书的重点是古今中外的军事科学和有关学科的书刊资料；军队院校图书馆根据各学校不同的专业性质向本校的师生和干部提供图书情报服务，其藏书一般以有关专业的教科书、教学参考书、科研文献为主，其中军事书籍占一定比重；军事研究院（所）图书馆根据本单位研究学科和研究方向，向军事科学研究人员提供有关方面的图书情报服务，其藏书侧重于军事科学方面的技术书刊、国内外最新军事科学研究成果及一些内部文献，其中外文书刊占一定比重；连队图书室是为广大部队战士和基层指挥员服务的文化教育设施，它通过提供借阅服务帮助广大战士提高思想觉悟和文化水平，使其掌握军事作战技能，其藏书主要是普及性的、通俗易懂的书刊和报纸。

（三）中等专业学校图书馆

中等专业学校图书馆主要包括中专图书馆、技工学校图书馆和职业中学图书馆等。中等专业学校图书馆是中等专业教育的重要组成部分，是为教学和科研服务的具有一定学术性的服务机构。

中等专业学校图书馆带有明显的专业性。根据各学校专业性质的不同，中等专业学校图书馆收藏和本学校专业有关的书刊资料。中等专业学校图书馆的主要任务是在贯彻党和政府的教育方针的前提下，主动向学校的师生员工提供书刊资料，为教学服务。我国的中等专业教育近几年来得到了很大的发展，因此中等专业学校图书馆的数量大大增加，其在学校教学和科研中占有重要地位。

第二章　现代图书馆建设与管理

现代图书馆是针对传统图书馆而言的。本章为现代图书馆建设与管理，包括现代图书馆的构成要素、现代图书馆的设施建设、现代图书馆的信息资源建设、图书馆管理的历史发展以及现代图书馆的管理制度等内容。

第一节　现代图书馆的构成要素

图书馆的构成要素在不同时期有着不同的理解。早在1929年陶述先生就在《文华图书馆学专科学校季刊》第一卷第三期中提出"图书馆，其要素有三：书籍、馆员与读者"。1932年，杜定友先生在《图书馆管理法上之新观点》一文中提出图书馆的三要素，即"书""人""法"。"书"指的是图与书等一切文化记载，"人"指的是读者，"法"指的是设备、管理方法与管理人才。1934年，刘国钧先生在《图书馆学要旨》中提出了图书馆的四个要素，即图书、人员、方法和设备。到了1957年，刘国钧先生又在《什么是图书馆学》一文中提出了图书馆有五个要素，即读者、图书、领导和干部、工作方法、建筑和设备。1985年，吴慰慈等在《图书馆学概论》一书中提出"图书馆的构成，有藏书、读者、干部、技术方法、建筑设备等要素"。之后，黄宗忠先生在《图书馆学导论》一书中提出："图书馆应由藏书、人（馆）员、读者、建筑和设备、技术方法、管理六个要素构成。"

吴慰慈等的《图书馆学概论（修订本）》中结合现代图书馆特征指出："图书馆的构成，主要包括文献信息资源、用户、工作人员、技术方法、建筑与设备等基本要素，这些要素的相互结合和相互作用，构成了图书馆这个发展着的有机体。"

一、文献信息资源

文献信息资源是图书馆存在和开展工作的物质基础。传统图书馆收藏的是以纸质为主的图书、期刊等文献，而现代图书馆文献包括计算机可读信息、多媒体信息、各种类型数据库等。

（一）信息及信息资源

"信息"一词有着悠久的历史，早在两千多年前的西汉，"信"字就已经出现。"信"常可作为消息来理解。作为日常用语，"信息"经常指音讯、消息，但至今信息还没有一个公认的定义。信息以物质介质为载体，反映世界各种事物的存在方式和运动状态。人类所有的知识、所有的故事都是信息。信息，就是人类的一切生存活动和自然存在所传达出来的消息。信息的积累和传播，是人类文明进步的基础。人类社会赖以生存、发展的三大基础，是物质、能量和信息。世界是由物质组成的，能量是一切物质运动的动力，信息是人类了解自然及人类社会的凭据。

信息资源是企业生产及管理过程中所涉及的一切文件、资料、图表和数据等信息的总称。它涉及企业生产和经营活动过程中所产生、获取、处理、存储、传输和使用的一切信息，贯穿于企业管理的全过程。

信息资源与企业的人力、财力、物力和自然资源一样同为企业的重要资源，且为企业发展的战略资源。同时，它又不同于其他资源（如材料、能源），它是可再生的、无限的、可共享的，是人类活动的最高级财富。从文献学理解信息资源就是经过人类选择、组织和加工处理的有序化的各种媒介信息的集合。

信息同能源、材料并列为当今世界三大资源。信息资源广泛存在于经济、社会各个领域，是对各种事物形态、内在规律，以及与其他事物联系的反映。随着社会的不断发展，信息资源对国家和民族的发展，对人们工作、生活都至关重要，是国民经济和社会发展的重要战略资源。它的开发和利用是整个信息化体系的核心内容。信息资源与自然资源、物质资源相比，具有以下特点。

①能够重复使用，价值在使用中得到体现。

②信息资源的利用具有很强的目标导向性，不同的信息在不同的用户中体现出不同的价值。

③具有整合性。人们对其检索和利用，不受时间、空间、语言、地域和行业的限制。

④它是社会财富，任何人无权全部或永久买下信息的使用权；它是商品，可以用来销售、贸易和交换。

⑤具有流动性。

信息资源发展的三个阶段：

①传统管理阶段，20世纪50年代—20世纪70年代，以图书馆、情报所为代表进行文字信息资源管理。

②信息管理阶段，20世纪70年代末—20世纪末，以计算机应用和数据处理为典型代表。

③信息资源管理阶段，21世纪初至今，以网络平台、海量数据库、信息处理技术的计算技术为代表，以信息交换、信息共享、信息应用为内容，视信息资源为主要经济资源。

（二）文献信息资源的类型

现代文献信息资源大致可以分为两大类：文献型信息资源和数字化信息资源。文献型信息资源主要有刻写型文献信息资源、印刷型文献信息资源、缩微型文献信息资源和视听型文献信息资源，其中印刷型文献信息资源包括图书、连续出版物、特种文献资料、其他零散资料等。数字化信息资源主要包括网络信息资源和单机信息资源，其中网络信息资源可以分为联机检索信息资源和互联网信息资源。

现代图书馆的本质特征是提供信息化、社会协作化的情报服务。现代图书馆作为信息传递、交流的中介机构，为读者提供各种他们迫切需要的信息服务，充分发挥图书馆系统整体网络信息资源丰富的优势，使其产生良好的社会效益和经济效益。

二、用户

用户对图书馆来说就是读者，是图书馆服务的对象。读者是图书馆的服务主体，是图书馆存在的价值取向，也是图书馆发展的内在动力。读者是图书馆稳定存在和健康发展的根基与动力。在现代社会中，不论是人与自然的关系，还是社会结构的设置目标，都是以人为本。读者是图书馆结构体系的主体要素，其地位不可动摇。

在图书馆多元文化服务的背景下，读者作为图书馆的构成要素有着深远的影响。随着全球一体化和社会多元化的发展，未来图书馆的服务理念向多元文化服务的趋势发展。多元文化服务在服务对象上注重个体，关注包括社会弱势群体在内的少数族群和外来人口。多元文化服务在于进一步扩大图书馆的服务对象范围，进而为社会全体人员素质的提高贡献力量。多元文化服务的目标是针对多元文化服务的用户群体而制定的，这使得服务群体在图书馆多元文化服务中获益最大。发展用户、研究用户信息需求和服务用户是现代图书馆工作的主要内容之一。

三、工作人员

工作人员是图书馆活动的管理者和组织者。图书馆工作人员是使文献信息与用户发生联系的中介和枢纽，是使文献、信息的价值由潜在变为现实的关键。图书馆的各种服务都是由图书馆工作人员来实现的，因此图书馆服务的发展与图书馆工作人员的发展是密不可分的。相对于图书馆服务的开拓创新与发展，图书馆工作人员各方面的发展也必须跟上时代的步伐，不仅要跟上图书馆服务的发展，更要促进图书馆服务的发展。

随着社会的发展和进步，现代图书馆工作人员的称谓在逐步变化。伴随"以人为本"服务理念的深入，人性化服务日益得到图书馆界的青睐，服务模式也正在转变。传统的图书管理员角色为适应新的服务模式的需要逐步向"参考咨询员""学科馆员"的方向转变。国外图书情报行业认为，随着信息化的发展未来图书馆馆员的角色将发生变化，传统意义上的"图书馆馆员"可能会消失。"图书馆馆员"的称谓将被"信息领航员""信息工程师""信息专家""虚拟图书馆馆员""电脑馆员"等名字代替。

四、技术方法

技术方法是图书馆做好各项工作的主要手段。现代图书馆离不开服务手段和服务方法等的现代化。现代图书馆作为社会文化交流与融合的场所，必须以各种物质技术手段、工具和方法作为自己存在的基础。技术的发展不断推动着图书馆现代化的发展。《社会科学大词典》将图书馆现代化定义为"以先进的科学思想和管理方法，用现代的技术设备和服务手段，把图书馆的服务质量和服务效果提高到适应现代科学技术发展的水平"。图书馆现代化的核心是文献情报服务的效能问题。现代化的内容包括图书馆管理的科学化、图书文献工作的标准化、文献资料传递的网络化和技术手段的现代化。现代信息技术的发展给图书馆带来了革命性的变化，图书馆文献信息资源共享就是建立在信息技术发展的基础上的。现代图书馆的发展与目前科学技术的发展紧密相连。

五、建筑与设备

建筑与设备是图书馆的物质条件。图书馆的建筑与设备为文献资料的存储、保护、加工、传递提供了场所和保障，它是为读者服务的基础，是读者服务工作中不可或缺的一个组成部分。人类进入知识经济时代，新时代对图书馆提出了更高的要求，除了进一步发掘智力资源、无形资产的价值，充分利用馆藏文献，发挥图书馆的作用外，图书馆的建筑与设备的质量越来越引起图书馆界的关注，因为它的好与坏、优与劣，直接影响图书馆为读者服务的质量。

第二节 现代图书馆的设施建设

一、现代图书馆建筑设计

图书馆是人类文明的宝库，也是衡量一个国家或地区综合实力和文化水平的重要指标。无论是古代，还是在构建和谐社会的今天，人们始终把书看作神圣的东西，而把存放书的建筑看作神圣的殿堂加以点缀和美化。古代的藏书楼也好，现代的图书馆也好，收藏着一部部永恒的作品，刻写着不同时代、不同地区的文明轨迹，融入了不同的理念和智慧，谱写了一曲曲和谐的交响乐，成为一座座标志性建筑。

但是，大规模的图书馆，其建筑必定也是大规模的，而建筑规模越大，就越显得肃穆而高不可攀。图书馆规模越大，读者越容易产生焦虑情绪。有学者曾经归纳出使图书馆读者产生焦虑情绪的几条障碍，其中第一条就是图书馆的规模，而图书馆的规模与图书馆建筑的规模之间是有一定联系的。知识的大门向每一个人敞开，图书馆的大门也向每一个人敞开，而焦虑是存在于人们心中的门，消除使用者心中的焦虑，让每一个使用者毫无顾虑地踏入图书馆的大门正是赋予使用者平等权利的开端。因此，图书馆建筑一方面要体现出尊重和高尚，另一方面也不能让人望而却步。

在信息时代，人们时刻遨游在信息的海洋里，却又时刻面临信息过剩的苦恼。人们被海量的信息淹没，却不知如何及时有效地获取所需的信息，从而产生所谓的焦虑情绪。在这种信息困境中，人们会普遍产生信息时代特有的心理现象——信息焦虑。由于在我们真正能够理解的信息与我们以为应该理解的信息之间存在持续增大的鸿沟，因此我们对信息的饥渴感与焦虑感就产生了。信息焦虑的产生源于我们所理解的内容与我们期望自己应该理解的内容之间的差距，以及我们在大量信息面前缺乏抽取所需信息的能力。从本质上讲，我们每一个人的信息负载量总是有一定限度的，当我们所接受的信息超过我们的最大信息负载量时，我们就会不自觉地产生各种无所适从的焦虑情绪或紧张症状。因此，如何营造一个和谐、具有人性化的氛围，来缓解人们内心普遍存在的信息焦虑情绪，降低或者消除人们时时感受到的不可名状的焦虑感和恐惧感，使信息能够被更高效地理解和利用，应成为现代图书馆建筑设计时应考虑的主要问题。

（一）现代图书馆建筑的特征和设计要求

城市的文化设施、服务网络和文化产品应基本满足居民就近便捷享受文化服务的需求。为了使社区的每一个成员都确实获得图书馆服务，图书馆需要有理想的馆舍环境，良好的阅读和学习设施，合适的技术与充足方便的开馆时间，还应对不能到馆的用户提供馆外服务。图书馆不仅应提供信息服务支持，还应提供理想的馆舍环境支持。人文关怀是图书馆精神的核心，因此，现代图书馆应更多地关注弱势人群。对于设施、管理与服务的设计，无论是图书馆布局，还是规章制度条文的行文，都应体现人文关怀精神。

1. 现代图书馆建筑的特征

（1）以人为主体，提高效率

图书馆的最大特点就是以人为本，全方位地为读者服务，向读者提供最大的方便，致力于消除公众利用图书馆的困难，保障社会弱势群体获得图书馆服务的权利，这些突出表现在开架阅览上。开架阅览，改变了传统的借阅方式，古籍图书之外的图书全部实行开架借阅制度，这样读者与书直接接触，读者能在最短的时间内挑出自己所需的图书。因此，现代图书馆设计应遵循节约读者时间的原则，强调空间实用。

（2）具有较强的灵活性

灵活性是现代图书馆建筑的灵魂和生命，是现代图书馆最显著的特点，是现代建筑设计思想运用于现代图书馆建筑的产物。现代图书馆建筑突破了传统图书馆建筑内部功能和使用要求固定不变的限制，强调在使用上的灵活性和适用性，并巧妙地使之结合起来。因此，在具体进行馆舍建筑的设计时，设计者必须根据整体的要求与分工要求，结合本馆的数字图书馆和纸质图书馆的规模、占用空间等具体情况进行规划。

（3）具有适宜的环境条件

适宜的环境条件既是"用户第一，读者至上""为读者提供利用书刊资料的方便条件"与"舒适优美的环境"等思想影响的必然结果，也是经济和技术发展到一定程度的必然产物。随着科学技术和经济的发展，人们对物质生活、文化生活各个方面的要求必然越来越高，对图书馆的要求也是这样。图书馆应既能从视觉、听觉、触觉、嗅觉等多方面满足读者的生理需要，又能满足读者的心理需要，从而使读者产生轻松、愉悦的心理效应。

① 充分考虑外部环境。环境设计是现代图书馆建筑设计的重要组成部分，是实现图书馆建筑功能的重要保障。现代图书馆建筑设计必须着意于创造一种既幽静又亲切、既与自然相通又与人情相交、使读者可倾心投入的环境空间。

② 注重内部环境建设。在自然环境不利的情况下，设计者要尽力通过人工的后期建造来改善。室内布置应简洁、温馨。设计者可将室外环境引入室内，使室内外空间相互渗透。室内人工环境除绿色环境外，还包括阅览环境，设计者可通过家具的精心设计，配备方便服务于读者的各种设施，创造出有学术起居室效果的阅览环境。设计时要注意心理环境的创造，主要是让环境给人以精神的享受。如棕色调的环境给人以安稳、深沉的感觉，橙、黄色调的环境则显得明快活泼，而天蓝、草绿色调的环境就更加清新开朗。用色彩规律装扮建筑及其室内是可以达到预期的效果的。同样的原理，人对不同材料质感的感觉不同，设计者可以将建筑物处理成不同的风格，从而达到不同的效果。

2. 现代图书馆建筑的设计要求

现代的图书馆是网络化的图书馆，是计算机技术、通信技术、网络技术和多媒体技术在图书馆中综合应用的结果。因此，图书馆在馆舍建筑上不仅要在外观上美观，成为标志性文化景观，而且内部既要适应电子文献收集、整理、开发管理和服务的要求，又要适应信息技术的复杂要求。

（1）对通信自动化系统的要求

通信自动化系统是图书馆建筑中必不可少的，是图书馆的"中枢神经"。由线缆及相关连接硬件形成的信息通道，分布在馆舍各层，完成馆内语音、数据和图像的传输工作，各种设备的插头只要插入标准的插座，就可以发挥各自的作用。

（2）对办公自动化系统的要求

办公自动化系统是人们借助计算机技术、通信技术、多媒体技术等完成各种办公任务的人机系统。图书馆的主要任务是文献的管理与服务，因此，图书馆办公自动化系统实质上是一个文献信息管理与服务系统。

① 对多媒体导读子系统的要求。多媒体导读子系统应使广大读者快速地了解图书馆的情况，知道如何使用图书馆、如何查阅图书馆的信息资源。

②对信息资源管理系统的要求。它是图书馆计算机集成管理系统的核心，用来对馆藏文献和网上信息资源进行科学管理。

③对信息资源服务系统的要求。信息资源服务系统的功能主要包括馆藏信息检索、联机服务、光盘检索与网上数据服务、公共信息发布等。通过该系统，用户可以方便快捷地了解馆藏资源的数量和图书馆众多的服务项目等。它决定了馆藏信息资源的管理效率和图书馆的服务质量。

④对读者管理系统的要求。读者管理系统的功能主要是为读者办理借书证及进行读者服务统计等。具体业务包括图书借阅、预约、过期催还、逾期罚款、遗失或损坏赔偿等。

（二）图书馆建筑设计影响因素

图书馆是一个地区文化的标志，一个好的图书馆建筑必定是图书馆工作者与设计师、建筑师和施工人员合作的产物。图书馆的建筑结构应满足读者的使用需求，图书馆的建筑造型应符合人们的审美需求。目前，随着社会经济的迅猛发展，建馆条件得到了较大的改善。因此，图书馆建筑设计者应尽可能多地为读者创造更方便、更舒适的阅览环境，为工作人员创造良好的工作环境，力争取得最大的社会效益。

随着信息技术的飞速发展，影响图书馆建筑设计的因素越来越多，主要有以下几种。

1. 自动化、网络化

在信息大爆炸时代，不管是传统的印刷品还是电子出版物，图书馆永远不会有足够的空间来存储不断出现的文献资料，人们会不断需要新的图书馆建筑来满足不断发展的藏书需求。随着网络技术的发展和自动化系统功能的实现，数字图书馆这个概念已成为图书馆建筑设计中不可忽略的部分。这就使图书馆建筑的设计者在图书馆整体布局和面积分配上做出相应调整，即在不断变化的网络环境中，将图书馆的空间进行划分与组合，使之出现视觉上的扩展与延伸，以适应网络环境、计算机、数字图书等物质构件的组织变化。打造新格调与营造网络环境新氛围，是当今图书馆建筑设计者面临的巨大挑战。所以，建筑师要从功能上考虑，充分吸收人类优秀文明的建筑成果，把功能上的要求通过设计方案加以实现，创造出美观实用的新型图书馆建筑。

2. 心理需求

我国现代图书馆建筑设计正处在不断发展的进程中，在满足实用功能的同时，还要关注读者的精神需求，这是图书馆建筑发展的必然趋势。信息时代人们深刻地认识到，图书馆更应该是一个能让读者产生积极情感和有生命力的建筑物。它要有亮丽的外形，能给读者带来美的享受，要能激发读者的学习热情。大气的外观能给人以力量，水平简练的线条能给人的心灵以自由，优美的造型能陶冶人的情操。良好的文化气息能够让读者在图书馆学习和获取知识的过程中，启迪思想、美化心灵和塑造高尚的人格。图书馆建筑设计时应充分考虑读者的心理需要，图书馆应是一个能够使人缓解信息焦虑、放松心情的地方。图书馆建筑设计者应将以人为本的设计思想融入设计中，在色彩的运用和处理上来增加读者对于图书馆的亲切感、美的认同感，从而缩短人与文献资料之间的距离，为读者创造一个良好的阅览环境。

（三）图书馆建筑设计内容

1. 馆址选择

对高等学校而言，馆舍位置的选择应以方便教学、科研和学生学习为前提。馆舍周围应是绿荫环绕，同时馆舍应远离主干道，避免噪声影响。选择馆址时一般还要根据学校发展规划，预留扩建的余地。对公共图书馆而言，馆舍应选在人口集中、交通便利、环境相对安静、符合安全标准的区域，并且馆址选择应符合当地建设的总体规划和公共文化事业专项规划。

2. 整体格局设计

建筑本身的使用功能始终是第一位的。在兼顾审美功能的同时，要最大限度地发挥其使用功能。现代图书馆建筑的使用功能已远非传统模式图书馆那样固定不变。图书馆应实现借阅一体化、管理方式的自动化、社会职能的扩大化，将不再以书为中心，而是以读者为中心，服务手段、服务方式呈现出的是与传统图书馆最明显的区别。所以，要充分体现新时期新特色，设计者就要从保护藏书、方便读者、方便管理的角度出发，在图书馆占地面积允许的条件下做出比较合理的规划，根据服务功能调整用房面积。同时在使用功能、结构、楼体层高、建材上，设计者还要有一个宏观的认识，体现在建筑上就是同层高、同柱网、同荷载、大开间的新格局设计，即楼层高度要适中、采光通风要好、房间要宽大、环境要幽静、布局要灵活。必要时设计者可以根据实际需求进行扩大或缩小，灵活隔断，这适用于借阅藏一体化管理，不但易于安排布置，而且可以最有效地利用面积和以最少的人员管理尽可能多的区域。

3. 外观形式设计

在外观造型、室内装修和环境设计上，设计者注意体现建筑的文化氛围特点，讲究实用效果。图书馆建筑不仅要有包括智能化、功能化、舒适、实用等特点的内部结构设计，还要有艺术性的外观设计。图书馆作为一个地区（学校）的标志性建筑，设计时除体现一个地区（学校）的浓厚的文化氛围外，建筑风格和审美设计上还应具有雄伟、典雅、明朗、庄重、美观、大方等特点。同时图书馆建筑要具有一定的观赏性，既要体现出图书馆作为知识殿堂应具有的恢宏气势，又要满足人们的审美需求。

4. 内部装备设计

图书馆应按网络化的要求，建设由主干网、局域网、信息点组成的网络系统。信息点的布局根据阅览座位、业务工作的需要确定。有条件的公共图书馆可设置局域无线网络系统。大型公共图书馆的网络系统应与办公自动化、楼宇自动化一并考虑，根据实际需要选择适当型级的综合布线系统。结构化综合布线系统是数字化技术带给图书馆建筑的最大变化，没有综合布线系统图书馆现代化也是难以实现的。结构化综合布线系统是图书馆实现自动化、数字化的基础，是把电子计算机系统、声像系统、通信系统、消防保护系统等所需的线路统一组合在一套标准的布线系统中。各种设备的插头只要插入标准的插座内，就可以发挥各自的功能，这也离不开稳压电源和继电保护装置的使用。以上这些都是在建筑设计中首先要考虑的因素，也是新时期图书馆现代化发展的必然趋势，还是衡量图书馆现代化程度高低的重要指标。现代技术的应用带给图书馆的不仅是质的飞跃，还有量的扩充。

二、现代图书馆建筑设计的基本原则

随着科学技术的快速发展，现代图书馆的职能发生改变，文献资源多样化、信息服务共享化、文献处理数字化及网络化、图书馆服务多元化和个性化、管理科学化已经成为现代图书馆的主要特点。所以，现代图书馆建筑设计应遵循以下原则。

（一）功能第一原则

任何时候图书馆建筑设计都要把满足图书馆的功能要求放在首位。现代图书馆的结构、布局、外观造型等都应适应功能的需要。为满足功能需求，在图书馆建筑设计中切不可片面地追求新颖独特、雄伟壮观、造型别致，更不可追求奇异怪诞而脱离功能要求。在满足功能要求的前提下，设计者可以借鉴国内外各类型建筑的先进设计理念，综合各种设计技巧，采取各种创作手法，尽量使图书馆建筑更为美观、清新壮丽，具有自身的特色。图书馆建筑设计，尤其要追求布局、功能与造型的有机结合及完美协调。针对不同类型图书馆的功能要求和特点的差异，设计者应分门别类地展开研究，确保建筑设计符合具体图书馆的功能要求。

（二）经济高效原则

图书馆不仅是公共文化体系的重要组成部分，更是建设社会主义和谐社会的重要阵地和知识资源。在土地和经费使用方面，图书馆建筑设计需要遵循少花钱多办事的经济性原则。一方面要考虑节约用地、节省投资，使有限的空间能够得到最有效的利用；另一方面，在人力及管理上，要综合考虑人力资源节约、人力管理效益提升等因素。从功能分区上，可将相对嘈杂的休闲区域基本集中于一隅，同时确保读者享受服务的便捷高效；不能因设计不周让读者迂回找书，浪费读者的时间；也不能无谓地提高图书馆工作人员的劳动强度，降低服务效率。总之，经济高效原则，要求节约资源与方便读者要有机结合，无论是图书馆的设计还是管理，都必须遵循节约读者和工作人员时间的原则。在入馆时，读者可以方便地进入，读者的车辆要易于停放；入馆后，各个区域的标识导向要明确。各项服务要简便、高效，同时馆内需要进行集约化的高效设计，充分利用建筑的面积，使空间利用更为合理，避免高、大、空的空间设计而造成浪费。

（三）开放性原则

计算机和网络技术的普及使得图书馆的信息资源共建共享得以实现。这种实践反映到图书馆建筑的设计上来，就要求建筑设计者需遵循开放性原则进行设计。文献资料的全方位和全天候开架借阅，即所有馆藏文献直接面向读者，超越传统的小面积分割、封闭的模式，普遍采用"三统一""大开间"的设计形式，实现人机对话，开展个性服务，实行"一卡通"的借阅制度，使图书馆建筑真正实现门庭开阔、空间开敞，从而使图书馆的开放性特色尽情地展现出来。开放性原则在图书馆建筑中还表现在合作共筑上，参加共筑工作的可以是图书馆和其他文化机构。

（四）舒适性原则

由于图书馆不仅为读者提供阅读的场所，还为读者和图书馆工作人员提供舒适的学习环境和工作环境，所以要提高图书馆室内外的环境质量。随着图书馆的现代化，自动化设备的引入和更新改变了传统图书馆的手工操作方式。读者与文献，读者与馆员，读者、馆员与图书馆之间增加了信息设备或电子设备作为中介，阅读环境追求视觉、听觉、触觉及心理感觉的舒适性。在设计上要求为大家提供舒适宜人的声、光、空气、温度及湿度的环境条件，以减小读者和图书馆馆员成天面对高效率的高科技设备所产生的心理压力，从而能愉快有效地学习和工作。图书馆设计要注意闹静分离，重视人的个性化要求，创造富有个性的阅览空间。设计者可以利用色彩、光线、家具等的差异性使读者有选择的余地，减少光、声的干扰，增加个性的阅览室和研究室。

（五）科学先进原则

"科学先进"的一个重要方面就是要方便读者，体现为读者服务、管理方便、节省人力、降低消耗的思想观念。科学先进原则要求图书馆内各个部分的组合要科学合理，确保图书馆技术装备先进，以及整体功能和社会效益能够充分发挥。由于图书馆建造周期长、使用年限久，科学先进原则要求现代图书馆建筑在设计之初就尽量采用先进的、科学的标准，切不可不做科学考察和系统调研分析，随意照搬一个管理过时、思想陈旧的设计框架。

（六）人文性原则

图书馆是提供文献和参考咨询的信息中心，也是支持终身教育学习的场所。现代图书馆设计时，要充分体现人文性思想。从地址选择、室内布局等方面，努力体现以人为本的思想。在选址上，图书馆要交通便利，环境安静、优雅，符合安全和环境标准；在功能上，图书馆要适应不同类型读者的要求，针对读者心理和生理舒适程度进行综合考虑，使读者能够产生轻松、愉快的心理效应。图书馆既要成为读者学习交流的空间，也要成为读者文化娱乐和休闲交友的重要场所。同时图书馆还应对残疾人给予特殊的关怀，在入口处专设无障碍通道，设置专用座位和辅助设施，以满足不同层次、不同类型读者的需求。

第三节　现代图书馆的信息资源建设

一、图书馆资源

（一）图书馆资源的概念

图书馆资源目前尚未有一个明确的定义，比较有代表性的观点有两种：一种观点认为图书馆资源指的是为了资源利用而组织起来的信息集合，它实际是一种动态信息资源体系；另一种观点认为图书馆资源是各类资源组成的有机整体。而本书对图书馆资源的分析则是从其特性入手的。

（二）图书馆资源的特性

1. 可用性
图书馆资源是为图书馆存在并被利用的，因而其具有可用性，任何资源失去了可用性，也就失去了存在的价值。

2. 有序性
图书馆资源应是有序存在的资源，最显著的例子是图书馆文献资源如果是无序的，它将无法利用，从而失去其存在的价值。例如，图书馆人力资源是否具有有序性呢？实际上其也具有有序性，我们常说的人力资源整合就是对人力资源的整序，人力资源不进行整合，就无法发挥它的最大效益。同样，设施资源如果无序，也就无法发挥其应有的作用。因此，图书馆资源的有序性决定了其作为资源存在的必要性。

3. 整体性
整体性指的是按一定方式构成的有机系统各要素之间相互联系、相互制约，表现出的整体大于部分之和以及要素与系统的不可分性。图书馆资源各构成要素组成了一个整体，各要素之间是密不可分的，其整体发挥的效益要大于各要素所发挥效益的简单相加，也就是人们常说的"1+1>2"效应。

4. 联系性
联系性指的是系统的各组成要素之间具有相互作用、相互关联的关系。图书馆资源各要素之间相互依存、相互影响，这种关系决定了图书馆资源具有联系性。

5. 动态性
动态性指的是随着时间的推移及外部环境的变化，系统的组成要素也不断发展变化。图书馆资源的动态性决定了图书馆资源的不断发展变化，正如图书馆资源从诞生之日发展到今日，其内涵和外延正逐步扩大一样。

从上述的分析中可以对图书馆资源做如下定义：图书馆资源指图书馆为了资源利用而组织起来的相互联系的多种资源的动态有机整体。可以看出，这个定义综合了前面所提的两种观点，并修正了个别不准确的用词。第一种观点说图书馆资源是一种"信息集合"，不能准确概括图书馆各类资源，而第二种观点过于宽泛，不够精确。

（三）图书馆资源的构成要素

对于图书馆资源的构成同样存在多种观点。第一种观点从图书馆资源作为一种动态的信息资源体系的角度出发，认为图书馆资源具有四个要素：信息资源、用户、信息人员、信息设施。第二种观点认为图书馆资源有四个内容：文献资源（主要指馆藏文献资源）、网络信息资源（包括静态的文献数字化信息和动态的社会各类信息）、人才资源（包括图书馆馆员资源、读者资源）、设备资源（包括馆舍及其各类设备）。第三种观点比较广泛，认为图书馆资源具有七个要素：文献信息资源（主要指馆藏文献信息资源）、人力资源（主要指图书馆馆员）、技术资源、设备资源、建设资源、资金资源、读者资源。第四种观点认为图书馆资源具有八个方面的资源：入藏的文献、图书馆专业人员、图书馆品牌、图书馆市场（读者和潜在的读者）、图书馆馆舍、图书馆设备和用品、图书馆的政策和法规、图书馆的理论和方法。

从以上诸多观点中，我们似乎又看到了我国图书馆学界早期关于图书馆构成要素的讨论。关于"要素说"，曾有杜定友先生的"三要素"，刘国钧先生的"四要素""五要素"，黄宗忠先生的"七要素"。实质上，图书馆的构成要素即图书馆资源的构成要素，只不过随着时代的发展，它的内涵和外延都更丰富罢了。

图书馆资源的构成要素不外乎三个方面：信息资源、人力资源、设施资源。这也是当前比较流行的看法，只是各人对此的理解尚有偏差。本书从广义的角度去理解，可以比较全面地描述图书馆资源，即在三大资源下再细分种属小资源，形成一个分类体系。上述多种要素从系统要素的相关效应来分析，已逻辑地包含在三大资源中。

1. 信息资源

信息资源是图书馆赖以生存的基础，包括图书馆可供利用的所有信息，可分为文献信息资源和网络信息资源。文献信息资源指的是图书馆内所收藏的为用户提供信息需求服务的各类信息资源，它又包括印刷型与电子型两种类型。网络信息资源指的是存在于现代计算机网络系统之中，并以联机方式向用户提供服务的信息资源，包括静态的文献数字化信息和动态的社会信息。近年有人将图书馆信息资源分为现实馆藏、虚拟馆藏，这也是对新环境下图书馆信息资源理论的发展。现实馆藏指本馆的文献资源，等同于上述的文献信息资源；虚拟馆藏广义上等同于网络信息资源，狭义上则指各馆根据本馆的性质、任务、类型、特点等具体情况，经过认真筛选与组织的网络信息资源。

2.人力资源

人力资源是图书馆发展的关键因素，广义上包括图书馆各种人员及由人衍生出的管理方法，可分为图书馆馆员资源、读者资源，其中图书馆馆员资源又包括图书馆理论和方法、图书馆政策和法规、技术资源，这些资源是图书馆馆员的智慧结晶。狭义上的人力资源仅指图书馆馆员，近年来有关图书馆人力资源开发与管理的研究大都从狭义的人力资源的定义上来论述，很少把图书馆馆员以外的读者资源纳入人力资源的研究范围中。实质上，让读者参与图书馆管理，将为图书馆事业注入新的活力，如有些图书馆建立的专家顾问团、青年志愿者服务队、学生图书馆管理协会等都是对读者资源的开发利用。

3.设施资源

这个用词比较妥当，虽与"设备资源"只有一字之差，但其范围要大于设备资源，包括馆舍、设备、用品。其中的设备是主要资源，又可分为传统设备（如书架、阅览桌椅等）和现代化设备（如计算机等）。有人将现代化设备称为信息设施，包括自动化系统、网络，在这里技术与设备已融合在一起，所以有不少人称其为技术设备资源，但从理论上讲，技术与设备应分属于不同的资源范畴。设施资源是图书馆的物质基础，特别是现代化设备的配置已成为现代化图书馆的标志，因而越来越受到重视。

对上述的资源构成，有人会提出图书馆为什么没有资金资源。资金是图书馆存在和发展的经济基础，但它已转化成其他资源形式而存在，因而没有列入图书馆资源的构成要素当中。当今信息技术飞速发展，三大资源正逐步融合，特别是在当前网络环境下，数字化图书馆发展迅猛，图书馆资源走向集成化，如图书馆自动化系统，其硬件、软件、数据库缺一不可，虽然从理论上分析它们分属不同的资源，但是它们已实现了重新整合。这从一个侧面也说明了图书馆资源的联系性，因而我们在实际工作中对图书馆各类资源的配置不能有所偏废。我们试图建立一个图书馆资源体系，以便更好地研究各类资源的开发管理以及优化配置，从而更好地促进图书馆的发展。

二、信息资源建设

（一）信息资源建设的概念

信息资源建设的概念是 20 世纪 80 年代初我国科技情报界率先提出的。后又被图书界广泛研究，不少专家学者对信息资源建设的概念提出了不少颇有新意的见解。高波、吴慰慈在《中国图书馆学报》2000 年第 5 期发表的《从文献资源建设到信息资源建设》一文中指出："信息资源建设是人类对处于无序状态的各种媒介的信息进行有机集合、开发、组织的活动。"

蒋谦 2001 年在《情报杂志》上发表的《我国信息资源建设的现状和发展趋势》一文中指出："所谓信息资源建设是指依据信息机构的服务任务和服务对象以及整个社会的信息需求，系统地规划、选择、收集、组织、管理信息资源，建立具有特定功能信息收藏体系的全过程。"

综合上述的观点，"信息资源建设"其实就是在信息化时期，我国的各行各业、各领域的信息服务机构和团体，为满足我国社会发展和国家建设对信息资源的需求，运用现代信息技术对社会各领域和各行各业的信息资源所进行的有系统的规划、选择、收集、整理、加工、存储、协调、配置和控制的全部活动。

（二）信息资源建设的意义

在人类社会已进入信息时代的今天，信息资源在经济社会发展中扮演着越来越重要的角色。信息资源建设的意义在于通过不断采用现代信息技术装备，国民经济各部门和社会各领域，可以有效减少物质与能量的消耗，提高物质与能量的作用效果，从而极大地提高社会劳动生产率，实现国民经济的可持续发展。

1. 已成为当今社会的核心资源

信息时代的到来，使包括资料、数据、技术、消息、信誉、形象等在内的信息资源作为一种重要的生产要素和无形资产，在财富创造中的作用越来越大。不仅如此，信息还为实现供需双方的有效对接搭建了平台。企业通过互联网获得全球的市场信息，包括技术、产品、需求等方面的信息，使新产品的开发从掌握市场信息、确定产品概念到开发、设计、制造同步进行，这就大大缩短了开发周期，提高了企业的竞争力。

2. 有效降低社会的运营成本

信息资源是整合其他资源的资源。在信息时代，人们的经济活动基本上是围绕信息展开的，信息流引导物流和资金流朝着合理的方向运动，使物流和资金流变得更加精准，使社会资源得到最大限度的节约和合理运用。企业可直接在互联网的虚拟市场上获得用户需求的信息，再进行规模化定制，从而减少库存甚至保持零库存，满足用户多样化、个性化的需要。信息资源的利用还有利于降低市场调研成本，避免或降低由信息不对称所造成的预测失误风险，使企业和消费者都从中受益。

3. 最大限度地消除数字鸿沟

今天，信息已日益成为国家和个人生存与发展的最重要的资源和资产，是信息社会重要的生产条件。但新的电信技术带来的信息文明正在加速社会的贫富分化，进而形成数字鸿沟。数字鸿沟是在全球信息化进程中，不同国家、地区、行业、企业、人群之间由对信息、网络技术应用的程度不同以及创新能力的差别所造成的信息落差、知识分隔和贫富分化。信息贫困作为 21 世纪的新型贫困，既是生活贫困的重要原因，也是生活贫困导致的结果。因此，通过国民经济信息化，特别是通过普及电信服务，为低收入者构筑平等获取信息的平台，将数字鸿沟变为数字机遇，有利于促进社会公平，进而逐步实现社会主义共同富裕的目标。

（三）信息资源建设的重要性

1. 提供信息支撑，促进社会发展

信息资源是一个国家经济、社会发展的重要战略资源，在激烈的国际竞争中，谁拥有了丰富的信息资源，谁在信息资源建设方面占据优势，谁就能在激烈的竞争中获得主动权，赢得发展的机遇。对高校来说，谁的信息资源存取能力强，谁把握发展的方向，谁的科研水平就高。在世界形势不断发展变化的今天，信息资源建设面临新的机遇和挑战。作为信息中心的图书馆，必须以创新观念为先导，以特色资源建设为核心，以信息平台搭建为基础，以持续发展为动力，以资源共享为目的，着力推进信息资源建设，为社会的发展提供强有力的信息支撑。

2. 建立物质基础，提升信息服务

网络时代图书馆的存在模式为复合式图书馆，它的信息资源是多样的。图书经费的有限性必然要求图书馆做好文献资源的合理配置，建设文献资源保障体系，这也是图书馆生存和发展的需要，是做好信息服务的物质基础。

3. 资源合理分配，实现有效利用

搞好信息资源建设，能够使有限的图书经费得到更加有效的利用，避免资源浪费。同时，合理配置资源，能够保障重点学科和专业信息资源的收集，使信息资源的收藏结构更为合理，从而保证特色馆藏正常、持续地发展。

（四）信息资源建设政策

1. 信息资源建设政策对图书馆建设的作用

社会信息化的潮流和图书馆事业的发展现状，要求信息资源建设有相应的

政策作为指导，建立起社会和图书馆信息资源建设的政策体系。信息资源建设政策宏观上可以为社会的信息资源建设提供指导，微观上可以为图书馆提供信息资源建设工作的目标和规范。

①信息资源建设政策可以为图书馆信息资源建设提供宏观指导。图书馆信息资源建设是社会信息化建设的一部分，需要与社会的其他信息服务机构合作共同完成。但是，图书馆信息资源建设有其自身的特点，图书馆信息资源建设是在图书馆文献资源建设概念的基础上发展而成的，通常具体指传统纸质文献资源建设、网络电子文献收集、馆藏文献数字化建设等方面。为了促进整个社会的信息资源建设，我们需要研究其发展规律，并且需要建立符合这种发展规律的政策体系。当然，对于图书馆界而言，我们更需要研究图书馆自身信息资源建设的发展规律，更需要有指导图书馆信息资源建设的政策体系。

②信息资源建设政策可以为图书馆提供信息资源建设的工作模式和规范。不把传统的图书馆馆藏建设称为图书馆信息资源建设，是因为图书馆馆藏建设工作的对象和工作模式发生了变化，文献的选择、采集的方式都发生了变化。显然，图书馆以往有关馆藏建设方面的政策无法应对这种变化，需要有新的信息资源建设政策来指导、规范当前图书馆的信息资源建设工作。这个信息资源建设政策是根据图书馆的具体情况制定的，是该馆在信息资源建设方面的纲领，是该馆信息资源建设实际工作的操作规范。它可以用来沟通馆内各业务部门，也可以成为读者利用图书馆文献信息资源的指南。

2. 信息资源建设政策的内容

图书馆的信息资源建设政策，是对图书馆的文献采访政策、藏书发展政策的发展，用于实现图书馆自身文献信息资源发展目标，是规范图书馆文献信息收集、文献信息资源建设的纲要性文件。不同类型的图书馆在制定信息资源建设政策时，首先应认真分析所在地区的特点或所属机构的性质、任务等基本情况，以此作为制定政策的基本依据；其次应分析读者数量、类型、结构、需求等特点及影响信息需求的各种因素。在上述分析的基础上，确定自身的具体任务，并在信息资源建设政策中加以阐述。

（1）图书馆的宗旨、任务、服务对象、总体目标

图书馆的宗旨、任务和服务对象是一切工作的依据，也是我们制定政策、方针和各项规章制度的基础。图书馆的信息资源建设政策需要表明本馆的宗旨、任务、服务对象，以及本馆信息资源建设的总体目标。图书馆应根据本地区的地理、历史与文化特点，本地区、本单位赋予图书馆的服务任务，本馆读

者的需求等因素，确定本馆信息资源的数量、质量，以及特色藏书和特色数据库，并对各项指标做出具体的规定。

（2）数字信息资源建设政策

图书馆必须根据用户需求、本馆任务和实际条件，在购买国外数据库的同时将馆藏资源中的特色文献制作成特色数据库，并上网供读者利用。在制定数据库建设政策时，图书馆要正确分析本馆资源的特色和优势，确定数据库的特色（如专业特色、主题特色、地方特色等）、要达到的目标以及计划采取的措施与步骤。

（3）文献信息资源采访政策

文献信息资源采访政策包括图书采访政策、期刊采访政策、电子出版物采访政策等。在制定采访政策时都要考虑以下因素：学科范围、内容深度、内容质量、馆藏特色、读者需求、成本效益等。

（4）经费分配政策

现代图书馆的经费使用和分配包括购买、租借、联网检索等多种形式。在政策中应明确指出选择印刷型文献、电子文献及网络信息资源的标准和策略，应该就购书经费如何在拥有馆藏与存取两方面保持恰当的比例给予指导性说明。

（5）馆藏信息资源管理及共享政策

馆藏信息资源管理包括文献资源保护、数字信息资源保护、馆藏资源布局的调整及馆藏信息资源的馆际互借和资源共享等内容。相应的政策要明确指出馆藏文献和数字信息资源保护的目标、任务、原则，落实资源共享的单位、共享措施等；对图书馆储存文献的目标和任务、标准和范围、方法和程序等加以明确规定，以保证馆藏文献资源布局调整工作的经常化和制度化。

三、图书馆信息资源建设的策略

（一）树立现代图书馆新理念

在新的时代背景下，我们应更新观念，培养现代图书馆新理念。以高校图书馆为例，首先应把图书馆做好定位。长期以来，我们视图书馆为学校的教学、科研服务部门。高校图书馆的职能就是为教学、科研提供信息服务。在市场经济体制下，图书馆信息服务的范围应适当扩大，除为学科教学服务外，图书馆还应为社会提供信息服务。图书馆信息资源建设的经费除依赖学校拨款外，还应尝试校外引资、校外融资，以弥补图书馆经费的不足。

（二）优化信息元素的搭配

在信息元素的搭配上应传统与现代并举，调整优化馆藏信息元素的结构。随着现代科学技术的发展，电子化、数字化已成为出版业的发展趋势，信息载体日益多样化。数字化、电子化版本的单位存储容量大，且易于保存。在现代通信技术的支持下，其更是具备传递速度快、读者易于获取的优点。这样，图书馆数字化、电子化版本已有取代传统纸质印刷品之势。但由于多种因素的影响，至少在图书馆相当长一段时间内，纸质印刷品尚有其不可取代的功能，因而图书馆将出现传统纸质印刷品和现代非纸质、电子化版本共存的局面。

（三）实行资源共建共享

当今世界，知识信息总量的急剧增加，信息载体日益多样化，需求者的信息需求量也猛增，任何一个图书馆都无法只靠自身的力量完整地收集各种知识信息载体。图书馆面对受众的强劲需求已力不从心。因此，各图书馆在信息资源建设过程中，必须加强合作，进行资源共享，通过馆际互借、网上信息传递和信息获取来最终扩大馆藏信息资源总量。所以，加强合作，实行信息资源共建共享成为时代发展的必然要求。

（四）加强教育和加快人才引进

提高图书馆馆员素质已成为图书馆现代化、图书馆信息建设的当务之急。为此，图书馆一方面需要引进高层次人才，在短时间内改变图书馆馆员的人才结构；另一方面通过业务指导、进修、培训等方式，为工作人员创造条件，提高其业务素质及各种技能。只有这样他们才能适应网络环境下图书馆信息资源建设的需求。

提高院系级图书馆工作人员的素质，要从两方面入手：一方面，要优化人员结构，解决专业人员短缺的问题。目前，我国开设图书馆相关专业的大学逐渐增多，本科大学生越来越多地充实到图书馆事业当中。但是，这里的前提条件是学校和院系领导对图书馆工作人员的专业素质要给予足够的重视，对进入图书馆的人员要在专业素质上严格把关。应该说，随着高等教育的快速发展，图书馆包括院系级图书馆，在吸引大学生方面已经具备很强的竞争力。所以，我们有理由期望院系图书馆工作人员的结构实现真正的优化。另一方面，图书馆要对现有的工作人员进行专业训练，提高其工作标准。教师上岗有资格证书，图书馆工作人员上岗也应有资格证书。这给在岗的工作人员一定的压力，也使学校更加重视对图书馆工作人员的培训。校级图书馆应将院系级图书馆的工作人员的培训作为自身工作的必要组成部分，而院系领导则应该为本单位图书馆工作人员的进修学习积极创造条件，就像对待教师的进修学习一样，从经费和时间上给予支持。

（五）建设网络化系统

图书馆的信息资源数字化建设应主抓网络化系统的建设。作为数字图书馆，首先要有独立的资源服务器、先进的自动化系统、直观的网络地址和友好的用户界面。只有具备这些，才能做好宣传工作，引导用户迅速准确地使用有关资源。其次要建立虚拟资源导航站，有重点地挖掘网络资源，并加以分类归纳，用专业的语言标识后，以超文本方式提供给用户，提高数字图书馆的服务水平。最后要进行网络化系统建设，图书馆应加强交互式服务系统的建设，以便随时收到用户提出的问题，并及时给予答复，消除用户的距离感，减少用户的等待感。

（六）数字化信息资源建设

信息资源的建设是图书馆建设的核心。图书馆应先对各类载体上的信息进行数字化处理，然后将其储存在硬盘或光盘等介质上。信息资源是一个有组织、系统化的数字大集合。高校图书馆要建设数字化图书馆，不能抛弃以往的载体，而要根据各馆条件，多途径地逐步建设。信息资源建设主要包括三个方面。

1. 馆藏数字化资源

为用户提供上网查阅服务是数字化建设最实质的一步，是用户服务必不可少的内容，没有本地资源的数字图书馆是不完整的。

2. 电子文献的采购

电子出版物是未来图书馆优先采购的对象。有计划地采购电子出版物，是目前图书馆数字化信息资源建设的主要途径。因此各图书馆要调整采购政策，明确电子文献的发展方向，逐年增加对电子文献的采购。

3. 网络信息资源的挖掘

在数字化信息资源的建设中，图书馆不能忽视网络信息的挖掘和利用。发现和利用网上资源，丰富自己的馆藏，实现信息资源的共享，是未来数字图书馆的主要功能之一。

图书馆的数字化建设是以现实中的图书馆为基础的，并在图书馆的馆藏建设、信息服务等方面广泛应用数字化和网络化技术，以便完善图书馆的馆藏结构，扩大和深化图书馆的服务功能和内容，准确和快速地检索与传递信息资源，提高读者对图书馆文献信息资源利用的效果和能力。近年来，大学的校级图书馆数字化建设普遍受到重视，并在实践中取得了较大进展。但是与之相比，院系级图书馆的数字化建设就显得步伐较为缓慢。这不仅与院系教学科研工作整体推进的局面不相称，也给师生通过网络利用院系级图书馆资源带来了不便。为此，院系级图书馆应在校级图书馆专业人员的指导下，制定切实有效的措施，有计划、有步骤地加快和加强图书馆数字化建设。

第四节　图书馆管理的历史发展

图书馆是人类文明发展到一定阶段的产物。图书馆的建立，需要有一定数量的各类图书、专门的管理人才，以及适当的保管场所。在漫长的图书馆发展岁月里，有关图书馆的管理，经历了不同的阶段，显现出不同的特征。

一、古代的图书馆管理

（一）古代西方的图书馆管理

从中外的古代历史来看，图书馆均产生于人类进入文明时代、阶级和国家出现后的奴隶社会，中国是这样，其他国家也是如此。在西方社会早期，古埃及、古希腊和古罗马的图书馆较有特色，只是它们的管理尚处于自发的萌芽阶段。

早期的图书馆建立者一般为王室，管理者多为学者，馆藏内容多为世俗性图书。著名的尼尼微图书馆就是亚述巴尼拔国王建立的，收藏的图书内容广泛，包括各种宗教铭文、文学作品、天文观测记录、医学原典、数学、化学、植物学及其他科学著作，也有历史文献、条约、法律、书信、命令，还有王室的经济报表、房屋和沟渠建筑的设计报告等。后来的亚历山大图书馆的建立应该归功于托勒密王朝的国王托勒密一世。该馆建立后，国王经常派人到各地高价购买图书，此外，他们还借来不少书籍，抄下复本。亚历山大图书馆的藏书十分丰富，不仅收藏了古希腊几乎全部的重要文献，还收有其他各国的学术作品。与亚历山大同时期的帕加马图书馆是国王阿塔罗斯一世建造的，该馆很注重聘请有名学者任职。帕加马王国的几代国王都热衷于搜集和抄写书籍，把帕加马图书馆建成仅次于亚历山大图书馆的大图书馆。

　　早期的图书馆在整理、编目上已开始了探索。部分图书馆所藏的泥板文书都按不同主题排列，在收藏室的门旁和附近的墙壁上注有泥板文书的目录。对于篇幅较大的泥板文书还做了一些简单的叙述，有的还摘录了书中的重要部分。

　　中世纪为欧洲封建社会产生、发展和衰落的时期。这一时期，图书馆的命运随着社会大背景的变动而跌宕起伏。基督教产生之后，出现了修道院图书馆。随着古罗马帝国的灭亡，修道院图书馆成为学术中心。修道院图书馆的平均藏书量在二三百册左右，收藏的基本都是与基督教相关的书籍，历史悠久的意大利博比奥修道院图书馆才拥有大约 650 册的藏书。由于图书数量少、制作不易，因此，图书的出借十分严格。在修道院内部借书，有的图书馆规定一年办一次集体借书，在特定的日子，所有的人都要前来归还上一年借走的书，然后借当年要看的书。馆内因管理不善而遗失图书的，管理者不仅要赔偿与书价相等的金币，还会被另加处罚。几乎所有的修道院图书馆都附设抄写室，由于抄本的抄写费时费力，致使其价格昂贵，因而，修道院图书馆采取了严格的保护措施，图书多存放在书箱或书柜内，大多数加锁，陈列在图书馆书桌上或台上的书被装上铜架子或铜圈，再用铁链拴住，防范甚严。

　　12 世纪，欧洲出现了大学。宗教改革后，大学图书馆呈现欣欣向荣之势。早期的大学图书馆，不供流通的书大部分都用锁链系在书桌上。图书馆的目录，有的按著者或标题的字母顺序排列，有的像是图书财产目录。借书规则也不一致，大部分只能在馆内阅读，有时学生可借出一些书，但多半需要交纳保证金。在早期的大学图书馆里，没有出现专业的图书管理员，管理图书的人员一般是学生。

　　文艺复兴推动了学术的发展，造纸术与印刷术的西传以及二者的结合，把图书馆事业推向新的阶段；活字印刷术的发明和推广，将图书的管理和生产完全、永久地分隔开来。廉价的印刷书籍大量出版，使一般的平民阶层容易买到书，图书开始由社会上层进入中下层，同时，也使图书馆的藏书以空前的速度增加。馆藏的膨胀给图书管理带来了种种问题，粗糙的几个大类的分类表再也不能适用，图书的著录更为科学化、标准化，各种不同类型的目录的编制也提上了日程。1545 年，瑞士的格斯纳编成了《世界书目》，这一书目收录了三种文字的 3000 名著者的书籍，共约 12000 册，均按著者姓名的字母顺序排列。1564—1794 年，《法兰克福图书市场目录》每隔半年出版一次。1605 年，英国博得利图书馆编印了英国的第一套印刷目录，收录了当时的馆藏图书 2000 余册，1620 年又编印了第二套，时任馆长詹姆斯还编了一份手写的主题目录，这是主题目录较早的样式。图书馆建筑发生了很大的变化，加锁的图书看不见了，读经台式的书架逐渐被墙壁式书架取代，直至最后出现了书库。在时代的要求下，图书的管理工作逐渐职业化，产生了掌握图书管理知识的专业人员，同时也出现了初期的图书馆理论，为即将诞生的一门崭新学科——图书馆学奠定了基础。

（二）古代中国的图书馆管理

中国人的图书管理实践出现得很早，虽说文献记载是周代，但河南安阳小屯村出土的大量殷商甲骨文就已证明，早在距今 3000 多年前的商代，我国就有了较大规模的文献收藏，并且是有序化的收藏，这大概可以算作中国最早的图书管理实践了。历史上的各个朝代，都有自己的政府藏书。不仅中央政府有，各级地方政府也都有，而且是越往后越发达，数量越多，整理、加工得越完整。

西周时期，政府设置多种职能的史官，分别掌管中央政府的文书、档案。春秋战国时期，除周王朝之外，各诸侯国也大都有自己的文献收藏，并设有专门的机构管理。秦朝是由御史大夫执掌政府书籍。西汉年间，政府多次举行大规模的图书征集活动，并设有多处专门的藏书之所。东汉年间，经过多次变化，最终确定了秘书监作为国家正式的图书管理机构。以后历代，大多相袭，只是在名称上略有变化，如秘书省之类，或在此基础上增加新的藏书机构，如崇文院、翰林院等。除了中央和地方政府藏书之外，还有藩府藏书以及前期以太学，中、后期以国子监为代表的学校图书馆系统藏书。学校系统藏书又称书院藏书，宋代之后，随着科举制的普及与规范，各地书院大多有数量不等的藏书，形成了一个庞大的藏书体系。在官府藏书和书院藏书之外，更多的是私人藏书。更有特色的是寺院宫观藏书。我国的私人藏书传统源远流长，从春秋时期孔子晚年课徒之余整理六经的过程来看，孔子当有一定的参考藏书。春秋时期，私学发达，百家争鸣，办教育想必也应有相应的藏书储备。到了汉代，有关私人藏书已是史有明载。雕版印刷术和活字印刷术发明之后，图书生产进入规模化，民间得书较易，私人藏书进入一个大发展时期，尤其是明清的江南地区，由于社会经济比较发达，文化传统浓厚，民间私人藏书大家不胜枚举，有的如宁波天一阁，能够延续几百年而不辍。

藏书的目的是使用，要使用就必须加以整理，孔子晚年整理六经可以说是这种行为之滥觞。汉代建立后，针对政府藏书，进行了数次大规模的整理活动，并取得了不同的成果，尤其是汉成帝时刘向、刘歆父子的校书活动，最终生成了中国历史上第一部综合性的群书目录——《别录》，以及第一部综合性的群书分类目录——《七略》。自此之后，各种类型的公、私藏书目录，据不完全统计，整个封建时代，大约有数百部之多。内容涉及各个方面，其中最大规模的当属清代所编的《四库全书总目》，为一时之冠。

对于不同形态、不同内容的图书，应采用不同的处理方式。如南朝梁武帝天监年间，曾将宫中所藏善本书专门收藏于文德殿，并与其他图书合编成《梁天监四年文德正御四部及术数书目录》。其后，梁元帝在江陵校书，将所藏图书按质量分为正御、副御、杂重三类。到了隋炀帝大业年间，柳顾言从西京嘉则殿所藏 37 万卷藏书中挑选了 37000 卷善本书单独收藏于东都观文殿，并编有《隋大业正御书目》。这批图书，据史书记载，又被抄成 50 副本，分为上、中、下三品，由于当时的图书装帧形态是卷轴装的，因此，上品用红色琉璃做轴，中品用黑红的琉璃做轴，下品用黑漆圆木做轴。这种追求、推崇善本的传统，到了明、清两代，被推向极致。明代所售宋版书，是按页论价。清代有藏书家，就自号"佞宋主人"，也有的家藏 200 部宋版书，干脆就将自己的藏书楼命名为"酣宋楼"，以此自显。清乾隆年间，宫中昭仁殿专门收藏善本书，皇帝赐名"天禄琳琅"，并编有《天禄琳琅书目》正、续编，以示夸耀。自宋代尤袤《遂初堂书目》始，一直到清代，在一定的私藏目录中，都注有版本。

在中国古代图书馆管理实践中，值得一提的还有有关图书开放的理论与实践，如金代孔天监在其《藏书记》中提倡建立公共藏书楼；明末曹溶在《流通古书约》中提出，藏书须在藏书家之间流通、传抄；清代周永年在《儒藏条约三则》中明确提出，儒藏应对四方读书人开放。在这些理论的影响下，清代一些私人藏书家，其藏书有限度地对外开放。清代《四库全书》修成后，南三阁对江南士子开放。这一切，都反映出中国古代藏书楼正向近代图书馆自发转变。

二、近代的图书馆管理

（一）近代西方的图书馆管理

17 世纪中期，英国资产阶级革命揭开了世界近代史的序幕。工业革命导致了印刷工艺的重大变革，机械印刷的图书潮水般地涌向市场，知识被愈来愈多的人掌握，人们开始重视各种科学技术、自然科学的研究。在这样的时代，仅仅搜集图书已经远不能适应时代的要求。对于汗牛充栋的藏书，人们必须进行系统的组织和科学的管理，图书馆管理工作的要求也随之提高，图书馆事业出现新的变化。

1. 图书馆事业开放化

在此之前的图书馆一直是为社会上层服务的，服务对象仅限于皇室、贵族、上层知识分子，一般的平民无缘利用图书馆。近代工业革命使人口迅速向新兴的工业城镇集中，产业大军形成，工厂主需要受过教育的工匠和有技术的工人，于是，公共图书馆逐步兴起。1850 年 2 月，英国议会下院通过公共图书馆法案，允许人口达到 1 万及 1 万人以上的城镇建立公共图书馆，经费从地方税收中支出，建馆后免费对纳税人开放。至此，公共图书馆建设之风渐盛，图书馆也一改过去专为统治阶级服务的做法，把视野投向了平民百姓。

2. 新书采购工作得到优化

中世纪的图书馆，补充馆藏时很少有计划性。搜求图书的途径，不外乎图书馆接受私人捐赠、王室花力气四处搜集、通过战争掠夺这几种方式，而且搜集图书一般追求珍本、善本，在馆藏上追求多多益善，缺乏整体的统筹规划。17—18 世纪，各门学科日新月异，这样随心所欲式地搜集图书显然不能满足时代的要求和现实的需要，馆藏逐步走向有计划和有组织。莱布尼茨就强调："有学术价值的新出书刊，图书馆应当及时地、连续地、均衡地补充采购。"德国的哥廷根大学图书馆有意识地应用了莱布尼茨的理论，馆长亲自负责采购工作，同国内外书商保持密切联系，在选择书籍时及时了解教授的需求，尊重他们的建议，以确保购书质量。时任英国不列颠图书馆馆长的帕尼齐也十分重视藏书建设，他要求不仅要增加藏书量，更要注意图书的质量，尽量收藏好的版本和可信的标准版，并十分重视藏书的系统性和科学性。

3. 图书馆建筑向近代化迈进

英国不列颠图书馆率先打破传统图书馆的建筑结构，用铁制骨架结构建筑，把阅览区域、收藏区域分开，圆顶阅览室建成后，高达 35 米，大厅直径达 42 米，可以摆设近 500 个读者座位，是当时世界上座位最多的阅览室。阅览室的中心是服务台，服务台的周围是目录柜，读者座位围绕着目录柜，阅览室的外围是书库，书库首次使用了铁制书架，并将两排书架背靠背地并排起来。这种双面书架的书库结构，直到目前，仍被很多图书馆采用。

4. 图书馆管理科学建立

这个时期，出现了一批具有丰富实践经验的图书馆管理者，他们的经验和思想，为今天图书馆管理科学的建立奠定了基础。法国的诺代是近代图书馆组织理论的创始人之一，1627 年完成《关于图书馆建设的意见》一书，这是一部图书馆学理论著作，也是近代第一部论述图书馆管理的著作。在其著作中，诺代集中阐述了以下观点：图书馆的收藏不仅限于古代善本，更应该收藏近代的文献，应该包罗万象，收藏包含各类知识的书籍，尤其要着眼于新生的学科；必须科学地管理图书，强调编制目录的重要性；书籍的编排与分类应方便读者使用；人类文化知识可分成 12 大类；图书馆必须向一切研究人员开放，使平民受益；图书馆应该挑选正直的、学识丰富、懂得图书的人当图书管理人员。

在 17 世纪前后，除了诺代，真正可以称为图书管理理论创立者的应该是莱布尼茨。莱布尼茨受聘于德国的图书馆前后近 40 年，他的图书馆理论散见于书信、备忘录及对王公的建议书中。他的观点主要有：图书馆是所有时代、所有民族的伟大人物向后人讲述他们杰出思想的场所，因此，杰出人物的著作，只要对后人有可取之处都应当收集；图书馆的价值不在于图书的数量、有无珍本或华丽的图书装帧，而在于图书内容是否健全与正确，以及书中所含资料是否新颖；应该及时、连续、均衡地补充馆藏，尤其是新出的有学术价值的书刊；图书馆必须有充足的经费以保证顺利发展；图书馆为了让读者充分地利用馆藏，必须配置完备的目录，编制分类目录，同时也提供主题索引服务；图书馆应尽可能地延长开馆时间，不要给图书出借规定太多的限制。

（二）近代中国的图书馆管理

鸦片战争之后，中国逐渐沦为半殖民地半封建社会。作为"文化捐客"的西方传教士，手持福音书，随着西方侵略者的炮舰，在中国的土地上建起一座座教堂的同时，也建立了一座座与中国传统藏书楼不同的近代图书馆。实际上，西方图书馆随传教士传入中国并不是此时的事，早在明朝后期，著名传教士金尼阁就曾在中国建立了一个具有一定规模的基督教图书馆。明末清初，北京也有教会的南堂图书馆、东堂图书馆、北堂图书馆、西堂图书馆。所不同的是，那时的基督教图书馆并不是近代意义上的图书馆，而是带有浓烈传统藏书楼和修道院意味的图书馆。

近代西方传教士在中国建立的教会图书馆，著名的有徐家汇天主堂藏书楼、工部局公众图书馆、亚洲文会北中国支会图书馆、格致书院藏书楼等。这些超越了传统藏书楼的新型图书馆，大多具备了开放和半开放的特点，馆藏丰富、馆舍先进，对当时的中国传统藏书楼起到了示范作用。尤其是在管理方面，它们更是远远地走在时代的前列。如在分类方面，早在杜威法被正式介绍进中国现代图书馆之前，亚洲文会北中国支会图书馆就已使用，同时编有卡片目录，除书名、著者之外，还有分类索引。以收藏中国古籍和中文译著为主的格致书院藏书楼的分类体系也很有特色，其对旧籍采用四部分类法，新书则用自编的三十六类分类法。这种区别处理新、旧图书的做法，与当今图书馆古籍与新书分开管理的思路是一脉相传的。近代教会图书馆的建立，向中国知识界传达了新式图书馆的观念，指明了中国图书馆事业的发展方向。其所起到的启蒙、示范作用，是不容低估的。

近代中国，自发地对社会开放藏书楼的行为也时有发生。如光绪年间国英将其家藏共读楼藏书两万余卷每月定期对士人开放六天，特殊时间如乡试、会试期间，则连开十天，藏书只能在楼内阅览，概不外借。国英的这个举动，虽说与近代图书馆的某些做法有相通之处，但二者之间是有本质区别的。

中国人自己的图书馆事业，是随着当时中国的一批有识之士，面对民族危亡，在寻求救国图强之道的同时，逐步发展起来的。他们可能分属于不同的利益团体，但在向西方学习的过程中，逐步形成这样的共识：社会改良的首要内容是开启民智，而兴办教育、开办新式学堂、建立西式图书馆则是开启民智的最好方法。这种共识在19世纪90年代以后迅速普及。在此之前，虽有林则徐、魏源等在其著作中都不同程度地提到了英、美等国的图书馆，但仅限于一般介绍，谈不上有较深刻的认识。其后不久，王韬撰文明确提到建公共藏书楼，藏书向社会公众开放，可影响并不大。《书目答问》中虽然提出了一个至今古籍分类仍然在使用的"经、史、子、集、丛"五大部类的分类体系，其所使用的注释这种揭示文献内容的方法至今仍有一定的学术价值，但其中收录的基本都是中国传统典籍。

19世纪90年代，是中国民族危亡的最关键时期，也是有识之士最活跃的时期。他们四处探寻变法图强之道，反映在建立新式图书馆方面是形成了一系列的原则和思路，并影响着日后中国图书馆事业的发展。近代改良主义先驱郑观应，凭着他对西方世界的了解，盛赞了英、法等西方国家的图书馆，批判了中国传统的藏书楼，揭示了二者之间的实质性差异。在此基础上，郑观应把在中国广建新式图书馆提到了救国救民的高度，并提出了具体主张，以官办为主，对全社会开放。

三、现代的图书馆管理

(一) 贯彻科学发展观

用科学发展观指导图书馆井然有序、协调发展，是现代图书馆工作的一项战略任务。图书馆管理是一个系统工程，首先要有先进的理论作指导，科学发展观为图书馆管理提供了科学的世界观和方法论。

1. 科学发展观对现代图书馆发展的意义

现代图书馆既面对发生深刻变化的市场经济，又面对充满挑战与竞争的国际形势，需要更深层次和更广范围融入世界图书馆体系。西方发达国家的先进理念、管理体制给我国图书馆事业带来极大的冲击与挑战。国内市场经济日益发展，对图书馆服务的模式和质量标准提出了更高的要求。图书馆的改革与创新是时代的呼唤，是历史的必然。

（1）现代图书馆创新需要先进理论作指导

从图书馆面临的任务看，现代图书馆既需要观念层面、管理体制和运行机制的创新，又需要工作内容、服务方法和技术手段的创新。现代图书工作实践需要先进理论的指导，而科学发展强调以人为本，注重全面、协调和可持续发展，为图书馆事业的发展提供了科学的理论指导。

（2）科学发展观是图书馆创新的基础和标准

图书馆的性质决定了其与知识、信息最为密切，图书馆的发展与信息技术密切关联，信息技术不仅决定着社会信息量的大小和信息载体的物理形态，而且决定着图书馆进行信息整合和提供信息服务的质量，决定了现代图书馆外部的信息环境和内部的业务工作手段。面对现代图书馆信息管理挑战，如何在市场、环境、生态协调发展的可持续发展基础上创新、整合和构造图书馆可持续发展观？如何在理论层面发掘图书馆可持续发展的基本规律，并在实践层面探索和实现图书馆的可持续发展？当务之急是要紧紧抓住科学发展观这一最具决定作用和本质意义的因素。

现代图书馆创新的一项重大任务就是对图书馆管理体制进行积极探索，创建图书馆特色，逐步改变部门和地方条块分割、"大而全"和"小而全"的封闭办馆局面。现代图书馆要走世界图书馆共同发展之路，融入世界图书馆事业的发展行列，加快个性化、特色化建设。图书馆管理需要以全球的视角进行定位，建立开放的机制，并运用国际通用的管理观念与标准，使现代图书馆与世界图书馆在同一平台上开展交流与合作。在某种意义上，构建现代图书馆制度，深化图书馆管理机制，就是走图书馆内涵发展之路。这是当前促进图书馆现代化、提升图书馆现代水平的重要措施。

2. 用科学发展观指导现代图书馆创新理念

（1）用科学发展观指导图书馆观念创新

观念是行动的先导，图书馆创新，观念是先导，我们首先要坚持和发展适应国家发展要求的图书馆思想观念，同时要重视研究和解决图书馆面临的新情况新问题；深入探索新形势下图书馆发展的规律，更新图书馆相关观念；确立与文献信息资源需求相适应的图书信息新观念，树立科学的图书馆发展观。图书馆工作人员应立足本职、继承传统、借鉴国外，学习新知识和与时俱进的科学发展观。图书馆的传统观念具有一定的稳固性和独立性，如不关心时代的进步和形式的变化，图书馆工作人员就会形成思维定式，图书馆工作将停滞不前。当前制约图书馆事业创新的重要因素是相当一部分图书馆人的思想观念陈旧。现代图书馆创新的首要问题是图书馆界思想观念上的与时俱进，真正地把思想认识从不合时宜的观念、做法和体制中解脱出来。

图书馆现代化是一个动态过程，现代性是现代化的结晶，是现代化过程与结果所形成的属性。第一，从特征上讲，现代性标志着从传统到现代的转变，表现为与某些传统的断裂。第二，自由构成现代性的核心，人的各种权利的保障是现代性的前提。第三，现代性表现为建立起竞争机制与合理科学的社会规范，即竞争的理性化过程。现代性的理性化，就是竞争中的理性化。现代化的过程是一个建立起竞争机制的过程。历史与现实已经证明，西方的现代性并非人类最好的选择。现代文明的负面影响在图书馆中主要有两个突出的表现：第一个是目标被手段遮蔽，本来现代信息技术只是图书馆通往更高价值的桥梁，是一种手段，而最终价值目标被忽略，只重视技术手段忽略了人文的、社会的价值目标。第二个是现代文明中技术至上和生产工具论的片面影响。现代化高新科技的魅力很容易掩盖人的主体地位，出现重技术、轻人文的错误倾向。标准化、快速化以及呈现出的高度统一性的管理和服务，具有现代社会技术统治的典型特征。计算机技术在给我们带来高效、快捷、便利的同时却悄悄地消解了人类所需要的人文关怀。实际上，技术无论再怎么先进也是工具性的，它永远不能代替人的脑力劳动，科技的进步不是社会变革的终点。现代图书馆的终极目标是人的现代管理，技术和文化都是为人服务的，图书馆所蕴含的人文精神才是推动图书馆发展、实现现代化的真正原动力。

（2）用科学发展观指导图书馆现代信息管理制度创新

图书馆管理制度和体制是图书馆创新中的重点，现代图书馆制度是一种建立在法治基础上的制度体系，具有法定组成机构及由此而构成的图书馆管理及其运作体系。这种制度体系保障了图书馆发展的顺利进行，并促使图书馆建立自我约束、自我完善和自我发展的机制，使各类型图书馆在面向社会、市场为用户服务的过程中，主动适应政治、经济、科技、教育、文化和社会的发展，不断满足人们日益增长的对文献信息资源的需求。现代图书馆制度构建主要体现在以图书馆为本的管理体制和机制的建设，强调从改进到发展，从数量到质量，从用户到内部管理，从文献管理到知识管理，从经验管理到科学管理，从重视物质建设到重视文化建设，形成以人为本、行为规范、运转协调高效的信息管理式的现代化图书馆。

（3）用科学发展观指导图书馆转变观念、整合创新

现代图书馆转变观念、整合创新的出发点和归宿是"以人为本"。现代管理的核心观念是以人为本，我们要树立"人本主义"的发展观，这是当今社会发展的主题，也是科学发展观的中心任务。现代科技加速进步，网络信息量迅速增长，是因为现代文化蕴含的信仰和理念注重物质满足和知识创新，轻视精神超越，现代各种制度固化了重物质轻精神、重理性轻道德的人类生活习性。以人为本的发展观就是人类在对现代文明深刻反思后发出的呼唤。以人为本的发展观追求的是人的发展，图书馆从古代追求文献收藏，到现代追求社会服务，现在又升华为追求人的发展，这是时代的进步。现代图书馆的"人本主义"科学发展观，也是图书馆现代化的基本内涵。

图书馆转变观念、整合创新必须建立在图书馆传统文化与借鉴世界图书馆科学成果基础之上。现代图书馆的建设能够体现人文精神、引导价值取向、传递职业理念；能够正确地分析、把握、预测社会期待和读者需求；能够充分吸收世界现代图书馆制度普遍性的文明成果。

现代图书馆整合创新表现为建立起理性化的竞争机制与科学合理的规范。从某种意义讲，图书馆现代化的过程是一个建立起竞争机制的过程，没有竞争，就没有现代化，没有现代社会的活力。竞争是社会效率与效益的内在要求，是加快社会发展的需要。传统图书馆与现代图书馆的一个重要区别，在于是否建立起竞争的机制。图书馆没有竞争，其结果只会是低效率与低效益的。信息资源也无法得到较好的配置与利用，其结果只会是高投入低产出。但竞争是一把双刃剑，既能促进图书馆发展，也会产生负面效应，即无序竞争。因此，如何使竞争理性、有序，是现代图书馆研究的一个重要课题。

现代图书馆制度的确立需要建立外在制度和内在制度。图书馆管理内在制度是外在制度的基础，缺乏一定的内在制度，外在制度往往难以有效实施。因此，现代图书馆制度创新，一方面需要构建以馆员咨询服务为主、以图书馆参考咨询为标志的外在制度，另一方面必须培育以读者为对象、以导航为核心的内在制度。作为内在制度的核心，"以人为本"是现代图书馆得以确立的基础。在图书馆内部管理体制方面，应该走决策专业化之路，进行管理机制创新必须借鉴世界上先进的办馆经验和管理经验。图书馆本质上是一个学术性的服务机构，应该遵

循学术管理的规律。从当代世界先进图书馆的经验看，图书馆普遍重视个性发展，重视提高读者的参与度，确立广大读者和用户在图书馆的主体地位。

科学发展观着眼于和谐发展、全面发展，而非偏重一个或几个方面。首先，图书馆作为一个整体，有着自己完整的业务链和服务体系，只有当各业务链的节点有机地联结起来的时候，图书馆才能发挥整体的功能和效益。其次，图书馆作为一个知识传播机构，必须以社会和谐、统筹区域发展、社会经济文化发展为基础。以人为本应成为贯穿图书馆发展的一条主线。现代图书馆系统的运行机制是面向服务的，图书馆的资源管理与服务内容应时常根据社会的、用户的需求进行调节，以适应社会发展环境的不断变化。只有这样，图书馆才能成为一个真正动态的、可持续发展的、变化的知识服务体系。

（二）贯彻人本理念

构建和谐社会最重要的任务是使"以人为本"成为社会主流理念。图书馆作为信息传播和教育的基地，要落实科学发展观，就要率先营造和谐的图书馆氛围，更好地为公众提供精神文明服务。

1. 图书馆成为和谐社会的重要组成部分

图书馆建设是社会文化建设的重要组成部分，其发展快慢与水平高低直接影响和制约着社会大众文化的发展。某个地方的文化建设品位高，其图书馆建设必然随之有着较大的发展；某个地方的图书馆建设滞后，其社会大众文化建设氛围也将不浓。图书馆是重要的文化设施，是弘扬优秀民族文化、建设新文化的社会组织。图书馆又是重要的信息情报搜集、整合、发布机构，在经济建设中发挥着越来越重要的作用。图书馆更是一个国民终身教育的场所，对提高全民族文化素质、促进人的全面发展起着独特的作用。社会大众文化氛围是图书馆事业发展的必要环境，图书馆事业则是社会大众文化的重要内涵之一。正因为如此，图书馆在构建和谐社会时扮演着十分重要的角色，是精神文明建设的深入和扩展基地。

现代图书馆要及时把特定的信息传递给有特定需要的读者，主动为读者提供信息推介、文献传递服务，满足现代社会各阶层不同层次读者的需求。否则，我们的读者——"上帝"就会远离而去他处，图书馆最终失去的将是我们的信息服务平台和发展机遇。因此，和谐图书馆是现代图书馆事业发展的必然，是优质服务的扩展与深化。

和谐图书馆是馆员和读者向往的至高境界，图书馆的服务宗旨是"以人为本，服务至上"，就是一切工作都必须围绕、服从和服务于读者的需要，要想方设法满足读者对文献信息的一切需求。图书馆的文献信息资源要以用户的需求为主导，使馆藏文献信息内容最大限度地满足读者的需求，让读者带着需求来图书馆，带着要找的资料满意而去。同时，图书馆也不能忽略自身生存发展的另一因素——工作人员。图书馆有了丰富的资源和读者，如果缺乏优秀的管理者来维持，同样不能发挥应有的作用。馆员和读者一样，期望建立和谐的图书馆氛围，以求得到自我生存、自我发展，愿意将图书馆建成自己工作环境的信息平台。因此，和谐图书馆是馆员和读者共同向往的理想境界。

2. 图书馆在构建和谐社会中具有重要作用

图书馆是搜集、整理、保存和利用书刊资料的场所，为一定社会的政治、经济服务的文化教育机构。在构筑和谐社会的过程中，尤其是在社会主义先进文化建设的过程中，图书馆发挥着重要作用。

（1）图书馆成为社会文化信息的传播者

图书馆汇集了大量文化与追求文化的人，在这个场所集中了中外各家的言论、思想和观点。同时来到图书馆的人也都是为了追寻文化知识而相聚的，人类的精神成就在这里汇聚、展示和延续。图书馆作为社会文化信息的集散地和传播者，与整个社会的信息化进程息息相关。一个富强文明的社会一定需要一个馆藏丰富、方便快捷、构建合理的图书馆体系，可以说图书馆是和谐社会文化建设的基础和中流砥柱。

（2）图书馆成为社会教育机构之一

图书馆作为教育机构越来越受到重视，尤其是当今社会，知识在不断变化，新的信息资源层出不穷。据国外资料统计，大学生毕业一年后，其在校所学的知识大约老化15%，五年后，其知识老化50% ～ 70%。也就是说，一般大学毕业生在毕业8 ～ 10 年内应该把知识全部更新。"终身学习"已成为社会和个人共同的选择。图书馆的教育功能主要表现在提供学习所需的知识信息服务以及问题解答平台。尤其在网络环境下，许多图书馆提供"电子邮件咨询""实时问答咨询""在线参考工具""学科导航""馆内咨询指南"等服务，并且与数据库相结合，形成直接面对读者用户的准教育模式，图书馆成了社会教育的重要组成部分。

（3）图书馆是学术信息的前沿阵地

人类社会的发展除了物质资料的生产，还包括文化知识的生产。而图书馆作为人类知识信息的宝库，则最大限度地发挥着交流、共享、研究平台的功能。特别是当今社会信息飞速发展，而其他的媒体，如网络仍处于无序化状态，这更为图书馆提供了展现自我价值的机会。各种最新的学术信息，通过图书馆的筛选更为有序化，以图书、报刊等形式，源源不断地呈现在读者面前。图书馆存储、传播科学成果的地位和作用是任何商业性的信息提供者无法取代的。各个图书馆还可以通过自身的特色收藏，利用本身已建立起来的优势为读者提供最新、最全、最权威的知识信息资源。

（4）图书馆对社会各方面的影响

图书馆的素质代表了一个社会、国家和民族的素质。图书馆的教育也绝不是一个简单的知识传授与接受的过程，它对社会、个人的影响是全方位的。①图书馆以其自身的藏书和资源为公众服务，并在潜移默化中对社会整体知识结构和文化底蕴进行完善与提高。②图书馆通过改善馆员的服务态度、设计网站的使用风格等体现出自身高雅、宁静的形象，从而产生以身示范、服务育人的效果。③图书馆里的读者共同营造出的刻苦钻研、奋进向上的氛围，可以产生静心思远的绝佳效果。

第五节 现代图书馆的管理制度

一、知识管理

人类社会步入信息时代，信息化成为全球经济与社会发展的最显著特征。进入 21 世纪，信息化带来的社会变革进一步地演进，信息化对社会经济的影响更加深刻。信息网络技术在各行业的广泛应用和不断渗透，加快了社会创新与转型。发达国家的社会发展开始向信息社会转型，并制定了具体的信息化发展战略目标。发展中国家也越来越意识到信息技术及资源的重要性，为了迎接新的时代浪潮，许多国家已做好准备应对新机遇和新挑战。信息化时代带来了全球性的社会深刻变革，整个世界的政治、经济、文化、社会和军事发展格局也得以重塑。加快信息技术的创新与应用，已经成为世界各国的一致目标和共同选择。

伴随信息时代的到来，知识管理理念也逐渐深入社会的各个方面。知识管理最早形成于美国，它源于企业界，并于 1996 年提出。信息科学领域和知识管理领域相互交叉、作用，共同为企业等组织带来变革。知识管理是在信息管理和技术的基础上发展而来的，是信息管理发展的高级阶段，也是信息经济时代的一种新型管理模式。在此过程中，信息通过知识管理技术和信息技术，转化为知识。同时，在知识管理的应用和实践中，知识管理理论重新整合了组织所拥有的显性知识和隐性知识，使之成为可以再利用的、附加值更高的知识资产，这大大提高了组织的知识创新能力和竞争能力。因此，知识管理成为企业、图书馆等组织提高核心竞争力的有力武器。

知识管理领域的先行者有美国、日本等。其中，美国处于最领先的应用地位，美国企业等组织普遍制订并实施知识管理计划。据统计，1999 年美国大约有 80% 的企业已经或开始实施知识管理计划。基于知识特性，欧洲国家非常重视不同知识客体的协同发展，将拥有不同学科领域知识的学者、管理人员和知识工作者加以整合、调整，形成和谐、有效的知识管理体系。欧美国家认为显性知识应占主体地位，而日本认为潜在的知识环境更加重要，其有助于促进隐性知识的传播。

（一）什么是知识管理

目前，尚没有统一的知识管理定义，不同学者基于不同角度的考虑给出了不同的解释。有的学者从知识转化角度给出，有的学者则从知识管理的字面意义加以解释。例如，邱均平和段宇认为知识管理主要是对知识及知识资源的管理。美国生产力与质量中心则从信息时代的角度指出，知识管理是信息时代的一种管理策略。还有学者认为知识管理既包括信息管理又包括对人的管理。

有外国学者指出知识管理相关研究应集中在组织如何创造知识、如何利用知识以及如何转移和共享知识三个方面。学者戴维·J. 斯科姆早在 1990 年就对知识管理发展趋势进行了预测，他认为知识管理理论将从各种不同的管理原则演变为一个公认的标准化的体系原则，从组织战略规划逐渐向组织应用实践转变，从重视组织内部的各类知识整理、加工转变为重视组织内外部的知识业务，从最佳实践案例发展到突破性实践案例，从数据库与知识编码转变为具有交易性的知识资产，从重视知识转化过程发展到重视知识应用对象，从知识地图发展到知识服务导航，从组织知识中心发展到组织知识网络，从组织知识社区发展到组织知识市场，从对组织知识进行管理发展到组织知识创新。

早期知识管理的鲜明特点是重视信息技术因素在知识管理中的作用。以信息网络技术为基础，知识管理的概念和理念不断在各行业和领域渗透。在第一代知识管理的基础上，拉里·普鲁萨克于 2002 年提出了"第二代知识管理"的概念。他以第一代知识管理为框架，将技术地图、知识地图、文件管理和知识库等要素相结合，基于数字图书馆理念构建了知识管理系统。然而，他过分强调技术在知识管理中的作用，忽视了人在知识共享和创新中的作用，认为科学技术可以改变人在知识共享过程中的行为习惯，知识管理可以等同为信息化管理。之后的研究者开始对第二代知识管理的概念与内涵进行研究和修正。许多学者开始重视组织内部人员之间的各类非正式沟通，鼓励面对面的交流和接触，强调人与人之间的沟通、联系，建立相互信赖的知识共享环境，提供良好的学习空间，以有利于共享并创造隐性知识，促使组织向知识创新型组织演变。整体来看，目前的第二代知识管理已经从关注技术转向重视人的作用，作为一门管理技术和管理方法，"以人为本"是知识管理成功实施的最根本理念。

(二) 知识管理的意义

知识管理是促进知识创新和提供知识服务的重要组成部分，它直接涉及组织的研发和创新过程，有效地促进了组织知识的快速传播、扩散、转化和升值，在提高组织优秀人才知识技能的同时，也有利于组织将散落在各个部门和人员的知识及其成果转化为实际生产力，提高组织的核心竞争力。具体来讲，知识管理有利于组织重新塑造自身的组织文化。结合知识创新的重要作用，企业等组织可以形成善于利用自身知识特色的组织文化，将前沿性的创新知识和进步融入组织文化建设之中。利用知识管理技术和方法，组织可以将其重要的知识加以分类、整理和应用，使重要的显性知识和隐性知识都能最大限度地被挖掘和利用，从而提高组织知识的利用率，实现知识价值升值，提高组织的生产能力和抗压能力。不同来源和渠道的知识在组织中交汇、传递和流动，也有利于组织对竞争市场的信息进行良好的把握，提高组织对市场危机反应的灵敏度，并提高其市场竞争力和核心竞争力。良好的知识管理还能够在很大程度上提高组织人员的知识文化素质和工作技能，提高员工学习和掌握知识的效率和效果，员工能够在较短的时间内学习最多有用的专业知识和组织文化，从而提高组织的整体竞争力和竞争优势。

(三) 知识管理的基础理论

1. 知识管理的内涵

在社会信息化进程中，图书馆作为重要组成部分，国家规定了每个公民平等地免费享有图书馆服务的权利。我国教育部颁布的《普通高等学校图书馆规程》中也明确规定图书馆作为学校信息化和社会信息化的重要基地，是高校教育信息化的重要组成部分，也是社会信息化的主要组成部分。

伴随社会信息的快速膨胀，信息量空前庞大，信息的杂乱性、无序性日益突出。信息过剩和知识匮乏同时存在，用户往往沉浸在信息海洋中，寻找合适信息经常是大海捞针、不知所措。同时，信息环境下图书馆用户对知识的需求，在广度和深度方面都有了极大的扩展。图书馆用户对图书馆资料信息的需求越来越个性化，对图书馆咨询服务的方式、数量、质量、时效等方面的要求也越来越高。这不仅要求信息技术在图书馆应用中进一步普及与应用，也要求图书馆对用户的信息服务意识进一步增强，更要求图书馆强化知识管理。

图书馆管理工作重心应该放在知识管理方面。当然，图书馆并非天然具有知识管理的理念、技术和方法。传统图书馆对报纸、书刊、音像等资料和数据库等知识和信息载体的整理与保管主要出于对人类历史文化的传承和保护，却没有从知识管理的角度深入研究。只有在图书馆的日常管理中实行知识管理制度，才可能利用现代计算机网络和信息技术进行知识创新等知识管理工作。

图书馆知识管理指的是现代各类图书馆应用相关知识管理理论、技术与方法，针对用户的信息与知识需求，合理整合、配置和使用知识信息等相关资源，来充分满足用户不断变化的需求，从而提升图书馆知识服务功能和核心竞争力。图书馆知识管理可以分为广义与狭义两个方面。广义上的图书馆知识管理指的是图书馆使用大量馆内和馆外的资源，进行知识汇集、整合、处理、组织、储存、交流、传播和增值应用等一切与知识有关的管理活动，它既包括图书馆原始知识资本的管理，也包括对其知识运营、升值过程进行管理，其中可能涉及对图书馆固定资本、流动资本等有形资本的管理，也可能涉及对人力资本与知识产权资本的管理，管理活动还会涉及信息体系管理和知识管理之间的交流互动。它强调读者应享受到的知识服务。狭义上的知识管理主要指图书馆内部知识的管理与应用，对于知识的管理活动和过程与广义知识管理的类似，只是更加强调图书馆知识资源的升值利用。也有学者基于知识服务和人本管理对图书馆知识管理进行解释。一方面，图书馆对其内部丰富的信息知识资源进行收集、提炼、组织、加工、开发、传播，发挥其知识服务功能，以满足用户的图书知识需求；另一方面，人是知识管理的具体实施者和提供者，也是分析、挖掘和发现有用知识的主体。同时，人是图书知识尤其是隐性知识的重要载体。图书馆的知识管理应重视人的重要作用，在图书馆的知识管理中一定要以人为本。图书馆知识管理以人为本，可以应用员工掌握的先进计算机技术、网络技术和数据库技术，对图书馆的显性知识充分利用和创新，对隐性知识进行挖掘、分析和创新。

2. 知识管理的类型

知识是图书馆知识管理的对象。图书馆知识包括显性知识和隐性知识两大类。图书馆显性知识指能以文档、报告等形式存储在纸张等传统介质上，便于整理、存储、传递和分享的知识。知识管理可以将馆藏的纸质的非电子化文献进行数字化和有序化，也可以对信息知识内容进行深加工，使虚拟网络资源馆藏化，以便建立数据库和知识库，为读者提供最合适的知识服务。隐性知识主要是以图书馆员工、图书馆用户以及与图书馆有关的各类协会团队、部门和小组等个体和组织为载体的无形知识。这些知识是图书馆知识管理中最重要的内容，知识管理以隐性知识的发现、挖掘、传播、共享和利用等为基础，主要是实现知识创新和知识价值的最大化。它可以是从图书馆内部获取的隐性知识，也可以是个人或组织从图书馆外部获取的隐性知识。图书馆隐性知识可分为认知性知识、技术性知识、体系化知识和创新性知识四个层次。

图书馆隐性知识与显性知识在定义上有较大区别。隐性知识存在于人脑，源于经验，是无法表达的、直觉的、模糊的知识。它很难获得、复制和转移。显性知识容易准确定义、编码，易于在个体间传播，能够通过正式、系统化的语言以及文字等载体进行交流传播。显性知识是隐性知识的外部表象，而隐性知识是显性知识进一步结构化、显性化的必要前提和基础，两者相互依赖，可以相互转化，并在转化中提高知识的价值。图书馆通过将内部隐性知识加以展现来加强知识创新，提高自身的核心竞争力。真正的图书馆知识管理主要体现在对其隐性知识的发现和利用中。知识管理可以实现知识的有效交流、共享和创新。从整体来看，图书馆知识管理是应用知识转化、加工等理论方法，充分利用图书馆内外部优势资源，如图书馆的纸质图书文献、信息技术、多媒体数据库、知识库和知识网络平台，将用户所需的知识节点相联系，并有效地整合，应用创新性的知识，为读者提供最优质的知识服务，在实现知识升值的同时，也达到社会服务的目的。

3.知识管理的联系性

知识是图书馆的无形资产。图书馆知识管理与传统的人、财、物这些有形资产管理一样重要，应并行开展管理。虽然企业知识管理是图书馆知识管理的理论起源，但是两者的知识管理体系存在一定差异。企业知识管理重视对隐性知识的显性化处理，强调通过优化内部管理方法，对存在于员工身上的隐性知识进行有效开发、利用和共享。而图书馆知识管理的出发点和落脚点是用户对图书馆资源的需要，强调对图书馆显性知识的有序化组织与整理。当然，随着图书馆管理工作重心和服务理念由传统的信息文献组织向知识加工服务倾斜，对馆员所储备的知识和服务技能的挖掘、开发和利用也日益重要。学习和内化企业的知识管理体系，提升图书馆自身管理能力，对图书馆馆藏文献加强管理，是图书馆知识管理的重要任务。

4.知识管理的时代性

图书馆知识管理顺应了信息时代的发展以及用户的个性化知识需求，具有鲜明的时代特征和独特的创新之处。从创新角度看，图书馆知识管理不仅包含知识管理内涵、理念、原则、技术和方法方面的创新，也包含着知识模式和知识系统自身的创新。因此图书馆知识管理本身就是一个系统、全面的创新。它通过在图书馆馆员之间营造相互信任、便于交流的开放式学习氛围，促进知识在图书馆中的共享转移和创新升值，实现图书馆知识体系的创新。这一创新具体表现在管理模式、方法和内容三个方面。在管理模式上，图书馆知识管理创新了传统的线性垂直管理流程，以人为本，以用户为中心，建立起中心发射式网状结构，形成了良好的创新制度环境，这有利于图书馆资源的升值。在管理方法上，图书馆不断更新管理理念和方法，调整用人机制、激励机制，培养员工竞争意识和服务意识，建立高效的知识管理和知识服务体系，利用知识转移、共享、转化等方法，实现知识的传播、加工和利用，为知识创新升值提供重要基础和支持。在管理内容上，图书馆通过分类、整理知识内容，融合各类知识资源，建立起针对用户的知识库和数据库，并不断优化、更新知识体系和知识创新流程，加大知识管理技术支持和人力资源支持的力度，提高员工知识文化素质和学习能力，提高团队合作意识和服务意识，实现图书馆的健康、持续发展。

二、财务管理

我国公共图书馆由中央或地方政府出资创建，负责管理的基本上是政府单位的行政人员。由于服务意识的缺失，公共图书馆的运行状况不是很好，财政预算也有很大的局限性。随着时间的推移，高校教师和高校的大学生查阅信息的需求逐渐提高，当前图书馆的文献资料有时无法满足师生的查阅需求，而且图书馆的信息收集也稍显滞后。公共图书馆必须改变传统的业务和财务管理模式，实行以图书馆为核心的区块管理制度，通过"整合"和"大核算"的手段获取收益。对财务人员的要求已不再局限于每月、每季度等周期结束后的财务会计工作，而是利用计算机应用软件和互联网来进行财务工作。公共图书馆工作人员对预算的了解不够，在传统的工作方式下，没有对数据进行准确的分析。公共图书馆的财务管理面临着严峻的挑战。财务人员必须勇敢地面对挑战，尽快调整核心工作方式，提高业务水平，使公共图书馆得到更好的发展。

公共图书馆旧的财务管理工作方式主要是统计高校教师和高校的大学生在

图书馆查阅资料时所支付的费用。一旦预算重组，他们就可以及时上报。公共图书馆财务管理的工作内容单调。基于海量数据，公共图书馆的工作模式需要发生革命性的变化，财务管理改革势在必行。

（一）财务管理面临的局限性

1. 相关人员工作思路落后

计算机财务管理软件没有得到广泛应用。虽然传统的手工记录介质早已被社会淘汰，但实际上财务人员的工作思路并没有完全改变。财务人员应利用财务管理软件清楚地记录所有数据。

2. 各类信息缺失

各类信息缺失，不利于管理。财务管理系统必须收集各类数据，统一管理，在分层数据的基础上，分析高校教师和大学生查阅图书馆资料的不同需求，提供给管理者详细的统计报告，并制订有效的业务和财务管理计划。

3. 图书资源不足

随着高校教师和高校的大学生对图书馆需求的提高，必然会出现图书馆资源不足的现象。因此，图书馆的借阅管理和维护部门必须与财务部门共享数据和信息。当一些有价值的图书资料的库存量太少，不能满足读者查阅图书馆资料的需要时，财务部门可以立即告知采购部门，使其立即制订购书计划，并尽快通知需要这类资料的高校教师和高校的大学生。图书维修人员应评估图书损坏程度，及时与财务部门联系，与损坏图书的读者协商图书维修费用和严重损坏的赔偿，尽快达成协议，提高服务效率。

4. 大数据支持欠缺

在月、季、年三个周期结束后，账务部门应进行全面预算。除了统计收支、政府经费等常规数据外，还应统计读者借阅类型分布、借阅图书的数量等方面的数据，从而反映当地社会的总体阅读水平，这不仅可以为图书馆制订下一个周期的工作计划和更新信息提供有力的数据支持，也可以让地方政府详细考虑民众的整体文化需求，提供更多的政策导向，以提高全体人民的文化水平。

5. 经费应用不到位

图书馆的购书是连续不断的行为。期刊、报纸征订是有时间限制的。所以图书经费的使用也是连续不断的。可是由于图书馆的经费是国家预算拨款、分季度到位的，因此有时会出现经费紧张的现象，难以满足图书馆购置所需图书的需求。同时由于财务管理体制的漏洞，图书购置经费还常常被挪作他用，极大影响了图书的购置、期刊报纸的订阅。

6. 管理方式不当

图书馆的经费一般都由财务部门统一管理，这样容易造成图书馆经费管理与使用脱节、工作效率低，有时因配合不好或管得过死，造成事倍功半。这种现象在许多没有一级核算权力的图书馆更为常见。有的高校图书馆其财务支出由学校财务部门划拨经费，图书馆使用相关资金要经过报请审批的程序，而这一审批的程序也就需要时间，所以往往管与用相脱节，造成机会成本的浪费。

7. 工作效率不高

图书馆要每月按时编制会计报表，但部分图书馆现行的处理办法是只显示图书经费支出的总数而没有明细。这样只列出总数据的做法，无法明确说明费用支出的情况。这一类的会计报表不利于图书馆领导了解图书经费的分配情况，不利于搞好藏书与设备的合理购置，也不利于提高图书馆的财务管理效率。

（二）财务管理问题的解决方法

分析图书馆经费利用的利弊，应着眼于图书馆自身的经费状况，还要关注外部环境的变化和其可能对图书馆经费的影响。接下来本书从四个方面来提出解决方法，分别是优势方面、劣势方面、机会方面和威胁方面。

1. 优势方面

（1）稳定的资金来源

高校图书馆经费主要来源于高校财政经费。高校招生相对稳定，教育部对生均书本费有刚性规定，即使扩招，也能根据以往数据尽早预算，使每年的图书经费来源稳定，不因财政经费的不可预测而对图书馆的财政预算造成不良的影响。

（2）明确的资金用途

高校图书馆不同于企业，企业要面对的是一个更加复杂的局面。企业处于一个开放的环境中，这种环境中存在着太多的风险和机遇，对企业资金的流动产生了很大的影响，因此企业资金流动有很大的不确定性。高校图书馆经费的使用比较明确，这对资金的稳定流动具有重要意义。由于机构机能固定，高校图书馆日常财务活动主要是采购图书、构建数据库、维护阅读管理设备等，因此高校图书馆财政用途更简明和透明化。

2. 劣势方面

（1）会计职能不专业

目前，许多高校图书馆没有自身的财会人员，即使有，也属于兼职，不能很好地发挥会计的职能和作用。

（2）购书数量受限制

高校图书馆每年可使用的经费有限，这直接影响高校图书馆采购书刊和数据库的数量。一般来说，虽然高校图书馆没有得到那么多的拨款，但是学校每年对图书馆下达的经费是比较稳定的，而随着物价的上涨，书刊的价格也都在直线增长，尤其是外文书刊和数据库价格的上涨，更让图书馆有限的经费"雪上加霜"，因此图书馆能够购买的书刊及数据库数量越来越少。

3. 机会方面

高校图书馆可以结合周边社区居民的信息需求，关注社会生活中的一些问题，提供儿童、学校、保险、住房、就业等方面的信息服务。高校图书馆还可以与其他社会信息机构合作，细分社会信息用户，重点为残疾人、老年人、儿童等不同类型用户群体提供有针对性的服务。这样，高校图书馆就顺应了社会的需求，增强了自身的社会作用。

高校图书馆财务联盟建设不断加快，随着图书馆联合体、超级联合体的不断发展，图书馆内部服务逐步由分散走向统一，资源共建共享成为重要趋势。高校图书馆应根据自身的馆藏结构和特点，制订长期采购计划，严格按计划执行，严格审批制度，改变采购方式，采取多渠道、选择低成本的方式，同时采用通用图书卡、合作收藏、共享编目、共同编目等方式，利用资源共享网络和现代通信技术等多种形式的技术，以提供资源共享服务，使有限的资金能够发挥最大的作用，尤其对联合大学来说，图书馆必须认清现实，减少重复购买的行为。图书馆联合体也可以通过联合体的形式与国内外出版商和数据库提供商进行谈判，以此来节约高校图书馆的成本，减少国内外经济因素对高校资源利用的影响。高校图书馆应重视图书馆财务联盟的作用，加快区域性、全国性图书馆财务联盟的建设。

4. 威胁方面

① 文献价格上涨。有关资料显示，书刊内部价格是其他原材料价格中最高的。虽然近年来学校拨给学校图书馆的经费逐年增加，但是由于书刊价格直线上升，图书馆购买新书的量并没有太多变化。

② 图书价格上涨，图书馆经费达不到规定标准。

③ 现有的计算机设备、工具、书刊等图书馆基础设施不能满足师生日益提高的需求并且服务方式过于传统。为了实现工作的规范化、管理的自动化、机构间的网络化等，图书馆需要投入大量资金，导致图书馆经费严重短缺。高校图书馆的计划经费相对有限，购买图书、期刊、数据库等需要的经费日益增加，如何适应当前的新变化，如何协调各方面的利益，如何科学合理地管理和

使用有限的资金，如何协调复杂的财务关系，特别是如何筹集预算外资金，加强预算外资金的管理，是高校图书馆财务管理的重中之重。

三、危机管理

（一）图书馆危机

与其他公共场所相比，图书馆的灾难事故发生率较低，致使许多图书馆馆员安全意识淡薄，存在很大的侥幸心理。图书馆应彻底摒弃这种麻痹思想，树立防灾理念，提高防灾意识，真正做到"安全重于泰山"。图书馆作为人们获取知识和信息的公共场所，人来人往，流动性较强，人员复杂；图书馆内书籍、设施大多是易燃物品；许多图书馆珍藏大量的文物和古籍；随着现代化和数字化的实现，图书馆增加了大量的网络、电子设施，这些都存在潜在的危机。所以建立完善的防灾体系，对于图书馆是相当重要的工作。

图书馆因为自身工作的特殊性，其安全工作难度较大，主要表现在：大量的纸质文献和木质家具，防火工作难度大；大量的电子文献资源，对计算机网络安全要求高，病毒防范工作难度大；读者众多，人员进出频繁，管理不便，防火防盗形势严峻。单凭图书馆无法完成这一任务，所以图书馆防灾要与社会各界沟通、联动，整合各种力量参与构建图书馆安全体系。由于图书馆平常工作较为单一，与政府部门和社会团体接触交流不多，易形成孤立的外部环境，所以图书馆要广泛地参与社会活动，通过沟通，了解彼此的工作情况，加强理解以协调关系，要以政府为纲，以社会各界为目，纲举目张，以期充分开发和整合社会中的公共安全资源，在防灾减灾中实行资源共享制度，一方有难，八方支援。一旦灾害发生，在图书馆与政府之间、图书馆与相关部门之间，不能有任何的脱节和盲区。

（二）危机管理意义

1. 满足管理需要

图书馆作为一个为人民群众提供信息服务的公共场所，加强危机管理、建立突发事件应急机制，就是把加强行业安全管理，提高公众服务水平，应对突发事件纳入法治的轨道，以建章立制的形式，将图书馆有可能遇到或出现的危机事件告知工作人员和读者。图书馆应对工作人员和读者进行危机教育，增强群体防范意识，明确各人的工作责任，消除图书馆馆员与读者在灾害发生时的恐慌心理，提高他们科学、理智、迅速地处理各种突发事件和应对复杂局面的能力。

2. 落实安全保护

图书馆是本单位或本地区的信息汇集地，是人流高度聚集的公共性、学术性服务场所。各类读者根据自己的需要，到图书馆检索文献、获取信息，开展自主性、创造性的学习与研究。读者来到图书馆，图书馆除了为读者提供幽雅、舒适的学习环境和优质的服务外，还要对读者负责，包括对读者的人身安全负责，不能让读者在图书馆学习、检索文献、获取信息中受到任何伤害。

（三）公共卫生防护措施

1. 馆舍安全

图书馆的馆舍安全主要指馆舍的建筑方面的安全。有的图书馆设计不合理，安全要求低，通道未按标准进行设计。有的图书馆施工质量差，存在承载不足、门窗不严、跑冒滴漏等问题。有的图书馆的不良的使用方式造成自身的安全隐患，如随意改动书库位置，将书库设在没有负载承重的房间，对屋舍的改造不以有关图纸为依据，随意进行电网和信息网络施工。许多图书馆为加强管理仅留一个出入口，还设置门禁，其他安全出口一律封锁，难以临时紧急疏散人员，这也是图书馆安全中最大的隐患之一。

2. 环境污染防护

（1）传染性、致病性微生物污染

传染病流行必须具备三个基本因素，即传染源、传播途径和易感人群。图书馆内传染病流行主要表现在其中的两个因素（传染源、传播途径）上。感染了某些传染性疾病的读者或馆员，是致病菌的携带者，是传染源。传播途径有空气传播、接触传播两种。

①空气传播。病原体携带者呼吸、讲话、咳嗽、打喷嚏等，可污染图书、桌椅面、计算机键盘等物体表面和空气。

②接触传播。接触传播分直接接触传播和间接接触传播。直接接触传播通过手和肢体等方式直接传播。间接接触传播在图书馆中的具体表现有通过计算机键盘、桌椅表面、书柜、书架、目录柜、卡片、书本式目录登记本，特别是图书进行疾病传播。

（2）图书本身污染

图书和文献资料的大量、长期、封闭的储存，使得它们受到细菌、霉菌等微生物污染及有害昆虫的侵袭。图书长时间的堆放及室内阴湿的环境，空气不流通及微生物大量繁殖导致图书霉变、菌变，图书馆工作人员及读者接触这样的图书后，可患过敏性皮炎、过敏性哮喘、过敏性鼻炎；苍蝇、蟑螂在图书上停落、舐吸、排便等，可通过痢疾杆菌、乙肝病毒等致病菌污染图书；老鼠在破坏图书的同时，也传播鼠疫、出血热等疾病。

3. 防范措施

①加强宣传，提高读者自我保护意识。图书馆可通过宣传使读者充分认识图书馆环境客观上存在的不利于健康的因素，使其认识保持馆内环境及设施整洁的重要性，改掉蘸口水翻书、看书吃东西等陋习，养成进馆前后要洗手的良好习惯，避免疾病的传播。

②加强图书馆室内的通风换气，减少空气中的细菌含量和降低有害物质的浓度。

③定期对图书馆的工作人员进行健康普查，对本馆现有的患有传染性疾病的工作人员采取必要措施，减少他们与读者接触的机会。

④加强图书馆的预防性消毒措施。

（四）灾害应对措施

1. 火灾应对措施

火灾是对图书馆安全威胁最大的一种灾害。火灾首先危害的是图书馆基本职能赖以维持的各类文献，对传统文献的危害尤甚。随着图书馆职能的变化，图书馆公共服务职能更加突出，火灾会对图书馆馆员和读者的生命安全构成更大威胁。传统图书馆馆藏基本是易燃的纸本或胶片，一旦发生火灾，火势之大，蔓延速度之快将会给施救带来很大难度，造成无法弥补的后果。图书馆被国家列为一级防火单位，其安全重要性绝非一般，图书馆落实安全措施是头等大事，决不可掉以轻心。对于图书馆来说，应对火灾首先要以预防为主，图书馆要及时发现和杜绝可能引发火灾的隐患。

（1）成因

①未经消防审核，擅自动工修建。

②未经审核，擅自装修。

③不向消防部门申报，擅自改变房屋用途。

④违章混存，造成隐患。

⑤违章操作，潜伏隐患。

⑥作业环境恶劣。

⑦水源缺乏，消防设施不配套、不完善。

⑧消防监督人员少，检查不到位。

⑨麻痹大意，人为造成。

（2）预防

图书馆是公共场所中易发火灾的高危场所，做好火灾预防，是制止火灾的最基础的工作，对于图书馆来说，预防火灾重点应处理好以下三方面的问题。

①图书馆建筑设计和内部规划。图书馆建筑所在地区的规划、地势、方位、周围环境和防火间距，建筑物的长度、宽度、面积，以及易燃可燃文献物资收藏存放地点和数量等，要符合防火要求。

②图书馆建筑结构与构造。建筑物的耐火等级与使用性质要相适应，通风孔道、烟道与可燃结构应采取防火措施，在可能的条件下，内装修材料应尽量使用不燃或难燃材料。

③消防设施。配置相应的消防器材对图书馆火灾的防范和扑救是非常重要的。对于规模较大的公共图书馆来说更为稳妥的方法是建立完善的消防控制系统。

2. 突发公共卫生事件应对措施

按照突发事件的范围分类，图书馆突发公共卫生事件分为大范围的和馆内范围的。对于大范围的突发事件，图书馆要服从当地政府的统一指挥和部署，根据图书馆的实际情况采取积极的防范措施；如果是在图书馆小范围内发生的，如污染、中毒、疫病等，应立即启动本馆应急预案，采取有效措施，妥善处理。

①如出现中毒、疫病等情况，图书馆应立即将详细信息上报相关部门，并立刻进行现场急救。

②如出现易燃易爆气体泄漏、燃烧等情况，图书馆领导应立即前往现场查看情况，紧急疏散人员远离事故现场，在保障人身安全的前提下对事故源做出初步判断。非专业人员若可能的话可采取一定措施排除故障（如关闭阀门、切断气源等），否则立即将情况报告有关专业部门来处理，视情况通知公安消防部门，同时报告上级主管部门。

③加强预防措施，改善图书馆卫生环境。图书馆平时要完善卫生制度体系，保持良好的环境卫生。图书馆馆员和读者也要保持良好的个人卫生习惯。

（五）突发性危机事件

1. 突发性危机事件的预防

（1）意识树立

危机意识是危机预警的起点，而在和平稳定时期，人们往往缺乏危机意识。虽然近几年商场、剧院、网吧、学校等公共场所时有公共危机事件发生，但是作为读者云集的图书馆还未出现过特别重大的危机事件。因此，图书馆界对突发危机事件普遍缺乏高度的警惕性。同时，某些管理者往往受传统思维惯性和认识盲区的影响，过于相信图书馆的安全性和抵御各类危机事件的能力，未能做到居安思危。由于组织管理者的粗心大意、过分自信和麻痹大意而导致原本只有很小苗头的事件演变为大范围的突发公共事件的事例不在少数。

（2）预测防范

要预防危机，就要在日常工作中将所有可能会对图书馆造成潜在威胁的突发事件（灾害源、灾害体）列举出来，并加以分类，考虑其可能造成的后果，设计应对的预案，估计预防所需的花费。图书馆应当把这样的组织行为变成组织惯例，以便事关安全的各项信息能得到适时更新，如果信息及时得以监测，损害就可在一定程度上减轻甚至避免。

（3）危机识别

当危机进入前兆阶段时，如果能够及时处理的话，则整个危机局势仍可以转危为安。在突发事件彻底爆发之前，各个方面会不同程度地出现一些迹象，即引发危机的一些基本条件正在不断地形成、积累，并通过一定的方式表现出来，这时是防范危机的最好时期，人们应争取在问题孕育时期控制问题的发展，很好地解决问题，将危机消灭在萌芽状态。一旦发现危险，要有"小患不除必酿大祸"的意识。

2. 危机管理过程

（1）人员调配

图书馆领导甚至上级主要领导应亲赴危机事发现场，发挥领导者的人格魅力，这样不仅可以表明对危机事件的负责和重视，还可以凭借其凝聚力和威慑力稳定人心。而且主要领导人在危机现场也便于调动组织馆内外的各种资源，积极与各方沟通，并实施有效决策。

（2）紧急决策

由于危机具有快速的变化性且潜在巨大的破坏性，危机状态下很多事情都是不确定的，都要在特别短的时间内决定，因为机会稍纵即逝。因此，无论是安排组织工作的优先次序，还是主要领导亲赴危机现场，都必须强调快速决策，争取在第一时间尽快控制危机事态，解决危机。图书馆应准确界定危机的性质、类型和程度，从全局的角度和人民群众利益的角度去处理问题。

（3）危机公关

当危机发生时，局部利益要服从全局利益，危机可能由局部产生，但危机的影响则是全局性的，因此危机处理要有全局观念，要从全局的角度考虑问题，局部利益要服从全局利益。出现重大责任事故，使公众利益受损时，图书馆必须勇于承担责任。图书馆要利用各种交流手段和方式，进行充分的沟通，安抚公众并给予他们一定的精神补偿和物质补偿，真心诚意地取得他们的谅解，使危机更顺利地化解。比如，只要读者由于图书馆的工作失误而受到了伤害，图书馆就应该在第一时间向读者道歉以示诚意，及时改善服务，而且图书馆还要向读者讲明事态发展情况，如此才能平息公愤，赢得公众的好感。

3. 灾后处理

突发事件的管理危机阶段的结束，并不意味着危机管理过程已经完结或危机管理任务宣告完成。其只是危机管理进入了一个新阶段——危机后处理。如果危机管理的前两个阶段未能处理得尽善尽美，危机后处理阶段就可以弥补部分损失和纠正错误。

① 变危险为机遇。

② 危机后的恢复重建。

③ 建立独立调查制度和问责制度。

④ 危机后遗症的处理。

⑤ 危机后的学习机制。

⑥ 危机后的组织变革。

（六）和谐环境塑造

1. 人文环境

图书馆是一个高雅文明的文化场所，馆内应该干净清洁、窗明几净、书架整齐、鲜花点缀，选用简洁明快、构思巧妙、格调高雅的壁挂装饰挂于墙上，它们不仅起到渲染气氛、调节读者情绪的作用，也与图书馆的环境互相映衬成为和谐的一体。另外，馆内还可以悬挂一些有宣传性的文明用语条幅，使读者自觉规范自己的行为，做到与图书馆的环境相协调。幽雅的环境，使读者一进图书馆就置身于浓郁的文化氛围中，受到熏陶和感染，达到环境育人的目的。

2. 学习氛围

要保持图书馆幽雅、文明的环境，就要及时消除与图书馆环境不和谐的因素。例如，馆内装饰以简洁、明快、淡雅为宜，不符合环保标准的材料决不使用，以防止甲醛、苯、氨等有害物质对人体造成危害；地面铺设优质的地胶板，以减少噪声；书库、阅览室、多媒体室、文献检索室等服务场所实行开放式布局，保证良好的通风采光条件；洗手间保持清洁，下水道、阴沟畅通，垃圾及时处理，馆内不准吸烟，不准随地吐痰，不准随意乱扔废电池、废易拉罐、零食包装盒等，以消除各种污染源；桌椅、电脑等设备式样适宜、色彩协调、摆放有序，与室内装饰互相映衬，营造宁静、健康而舒适的阅读环境；各楼层都应有布局引导、方向标示、紧急疏散指示及安全通道；馆内要有磁性防盗监测等设备，以及完整的防火、报警系统和电力供应系统，以确保图书馆的安全和正常运行。

第三章　高校图书馆创新发展

高校图书馆是图书馆的重要类型之一。本章为高校图书馆创新发展，首先介绍了高校图书馆的功能和高校图书馆的馆藏资源，而后分析了新时期高校图书馆的创新建设。

第一节　高校图书馆的功能

一、校园文化传播功能

（一）图书推荐

在推荐内容方面，图书馆通常既推荐教授书单，也推荐新书、学生荐书、借阅排行上榜图书、获奖图书、畅销书，以此增强推荐书单的时代感。同一所学校的教授开列的书单代表着具有某种共通文化精神的高级知识分子的学术文化取向与判断，故所列书单既能体现校园学术文化精神，也能启迪后学并容易使其产生共鸣。将同属于校园社区的教师荐书与学生荐书整合起来，则能产生具备校园用户普遍代表性的、体现校园文化特质的导读书目。例如，北京大学图书馆创建了"阅读推荐"专题网站，分"专题书架""新书通报""教授推荐阅读——对我最有影响的几本书""学子推荐阅读"四类推荐。上海交通大学图书馆在 2009 年至 2010 年也推出过"影响交大人的书"的活动，从教授和学生两个层面来征集，并制作展板展出。另外，由于当前图书馆服务非常强调以用户为中心及图书馆与用户之间的交互，故图书馆在考虑荐书活动时已开始注意收集来自读者（主要是青年学生）的荐读意见。如有的图书馆在读书节期间举办"我喜爱的一本书"活动，对活动有兴趣的师生可将书名及喜爱 / 推荐理由写在图书馆提供的便签上，并贴在图书馆放置的大型白板上，其他读者可浏览荐读内容，图书馆也可以把这些荐读内容整理形成一份来自读者的荐读，甚至是带有导读性质的书单。

在推广方式上，图书馆主要是建设专题网站，甚至是全文网站，以及创建微信荐书专栏。例如，清华大学图书馆创建有"读在清华"专题网站，分"每周甄选""新书通报""借阅排行"三类推荐。中国人民大学图书馆创建了"读史读经典"全文专题网站，进行经典阅读推广。西安交通大学针对大一至大四年级学生，发布"100本经典"，并建设全文专题网站，引导推广阅读。西南交通大学图书馆设有专题网页"经典阅读推荐书目"。在微信荐书方面，北京科技大学图书馆获2017年国际图书馆协会联合会国际营销大奖第一名的项目"读书天"颇有新意，每天在专栏上推送一本由学生原创书评的图书，把学子荐书与微信的广泛传播有机地结合起来，取得了显著的成效。图书馆在利用各类导读书目进行阅读推广时，往往会配套举办书展、图片展、讲座、影展等活动，使阅读精神与校园文化同时得到弘扬。

（二）文化讲座

讲座是高校图书馆经常采用的活跃校园文化氛围、开阔学生思维及视野、激发智慧交流与碰撞的文化活动方式。图书馆开展文化讲座活动处于优劣势并存的状态。现代图书馆往往建有宏大的演讲厅，非常适宜举办大型讲座。同时，作为校园文化中心，图书馆也具备一定的平台优势，包括由平台而产生的人气凝聚力、与讲座相得益彰的文化氛围、与校园相关机构或社团的合作关系，以及能够成为校园才俊展现才华的平台。另外，图书馆也能利用学生的专业优势作为讲坛主题，相异于校园林林总总的各种讲座，走出一条主题鲜明、一枝独秀的路子；也能够基于专业优势判断，积累讲师力量。高校图书馆开展文化讲座的压力主要来源于两方面：一为经费及人力方面的局限，二为由多方力量，如院系、学科管理机构或学生社团等形成的竞争压力，因此，高校图书馆举办文化讲座需重点关注以下方面。

1. 包容性

高校图书馆文化讲座的包容性主要指四方面的包容，即主讲者、讲座主题、讲座形式和听众。主讲者可以是满腹经纶、深孚众望的著名学者，也可以是生机勃勃、思想独到的青年学者。鉴于目前高校各种讲座基本被名师占据，而具备真才实学的青年学者往往缺乏展示学术才华的平台，高校图书馆作为校园文化中心，应该而且必须具备此包容性，为那些在社会文化领域有独到研究与见解的青年学者提供一个展示空间，起到大师孵化器的作用。讲座主题也应该多元、广泛，既可以是以引导学生认识及体会多元文化为主旨的文化素养类讲座主题，如经典、传统文化、历史、绘画、摄影、电影等；也可以是与学生学习、工作、研究、生活、心理息息相关的实用类主题；还可以是社会、政治类相关主题。图书馆只有举办多元主题讲座，方能真正起到激发思想、提升修养、增进智识、健康心理、助跑人生的教育作用。讲座形式可以是单人演讲方式、多人对话方式，或是演讲与艺术展示相结合的方式，如讲述与表演、演唱、朗诵等的结合。高校图书馆讲座是提升高校社会影响力的有效途径，因此，讲座宜面向所有乐于参加的听众，包括校外的听众。

2. 合作性

高校图书馆举办讲座在资金及人力上存在一定的困难，但也有其独特的优势，故合作创办文化讲座是高校图书馆开展讲座服务的最有利途径。图书馆与合作单位可建立优势互补、成效共享的关系。合作之于图书馆讲座的举办，主要益处在于：其一，扩大主讲人的邀请范围，如与学生社团合作，一方面可广泛邀请多方主讲人，另一方面学生对于讲座的敏感度很高，由其邀请来的主讲人往往比较受广大学子欢迎；其二，缓解经费困难矛盾，有些合作单位本身设置了专项讲坛经费，此经费可弥补图书馆讲座经费的不足；其三，提升讲座的参与度，扩大其影响面，如与学生管理机构合作，将图书馆讲座与学生成绩挂钩，可以起到很好的激励参与作用。

3. 多样性

讲座是高校图书馆主体文化活动形式，但并不是唯一的文化活动形式。为满足读者的多元化需求，高校图书馆需要围绕一定主题，举办展览、讲座、读书会等与多种文化活动形式相结合的系列文化活动，这样方能达到较理想的活动效果。讲座活动也应如此，甚至是围绕整体文化活动主题，来确定讲座主题及邀请主讲人，以从多维视角来诠释、展现及深化活动主题。从当前高校图书馆的讲座活动实践来看，许多图书馆已开始有意识地多重活动方式并用，如上海交通大学图书馆在世博会举办期间，根据世博会主题"城市，让生活更美好"来确定与城市建设相关的讲座主题；同济大学图书馆根据实体展览，举办相关的主题讲座。

（三）读书会

读书会是一种阅读交流活动，活动形式通常为读书报告交流会、阅读研讨会、阅读沙龙等，主要目的在于推荐图书、推广阅读、增进交流与理解，是高校图书馆历久弥新的阅读推广方式。读书会的运作流程包括确定讨论主题、确定讨论图书、寻找讨论引导者、宣传、以报名或预约的方式确定参与者、开展阅读交流活动、汇总及整理讨论会材料以及评估成效。实施形式通常为一名或数名引导者（如语言文学类教师，或是作者）及参与人员就某本书或某类书交流相关问题、观点，或是阅读体会。

一个良性运作且持续发展的读书会，对于图书馆的内涵发展具有重要的意义。读书会是否能可持续及有效运转，取决于图书馆是否具备三种能力：第一，是否具备维护优良和较为稳定的阅读讨论引导者群体利益的能力；第二，是否具备发展壮大读书会参与者队伍的有力机制；第三，是否拥有合适的场所、设施、经费及人员来支持读书会的运行。

由于维持读书会需要良好的公共关系及人才、物力的支撑，而这些因素对许多高校图书馆的确构成了障碍，故高校图书馆在开展读书会活动时需采用有效的策略。① 不同规模的读书会以合适的周期频率交替举行，在兼顾相对较为小众的阅读交流需求的同时，满足读者广泛的、较为大众的阅读交流需求。这样一方面能够保证读书会持续良性地开展，另一方面可以使读书会整体的发展呈现出有特色、有内涵、有高潮、有效果的较为理想的状态。② 扩展图书馆公共关系，与举办读书会涉及的各方支持力量建立合作关系，如与有相同兴趣的院系合作开展读书会，以取得较为充足的阅读交流领袖及参与学生的支持；发现擅长做阅读交流的领袖，且对读书活动具有热情的教师，与之建立较为稳定的长期合作关系；与相关学生社团合作，以取得读书爱好者的支持，使读书会真正起到激发读书热情、交流产生智慧、全方位解读促进深度理解的作用；与具有丰富作者源的出版社合作举办读书会，增加作者与读者见面交流的机会；与其他机构合作，如出版商、数据库商，在宣传合作机构的同时，缓解活动经费困难的矛盾，并最终达到推广阅读、增进知识的目的。

二、思想政治指导功能

自从人类社会产生阶级之后，图书馆总是人为地通过对图书文献的宣传，向读者传播统治阶级的意识形态。尽管各个历史阶段中的图书馆在对读者进行教育的内容和目的上可能会存在差别，但古今中外各时期的统治阶级在把图书馆作为宣传本阶级意志、思想，推行其政策、法令的有力工具上，态度却是相似的。在社会主义背景下，我国的图书馆的思想教育过程与国家的经济建设之间，存在着有机的联系。图书馆通过推荐好书、辅导阅读等方式，对高校学生进行思想政治教育，宣传马克思列宁主义思想，帮助大学生树立正确的人生观和世界观，培养高尚的道德情操和爱国主义思想。

在我国，图书馆作为思想政治教育的重要阵地，其重要性不是削弱了，而是进一步加强了。图书馆这块思想政治工作阵地的重要作用是任何时候都不能忘记的。高校应该进一步发挥图书馆的思想政治教育作用，积极宣传、推荐、流通各种优秀的读物和文艺作品，帮助大学生争做有理想、有道德、有文化、有纪律的一代新人。

三、文化遗产传承功能

系统地收集并妥善地保存文化遗产，是图书馆在它所走过的漫长的发展道路中一直发挥着的一项最古老、最基本的作用。人类的历史，是一个承先启后、继往开来的发展过程。从殷商时期的甲骨储藏室到现代图书馆的三千多年的历史表明，图书馆没有文化的继承，便不会有社会的发展。图书馆从它产生之日起，就是作为保存图书文化财富的设施而存在的。它根据一定的原则和范围，将那些沉淀在社会各角落的零散的文献收集起来，随着时间的推移，集聚的文献就像一只滚动的雪球，越来越大。

图书馆越来越丰富，既有古代的龟甲兽骨"纸草"泥板图书，又有近代的手抄本和印刷品，还新添了如现代的磁盘、磁带、胶片这些声像资料。它们记载着由古到今人类历史发展演变的过程，记载着人们借以认识世界、改造世界的各种知识，记载着人们征服自然的方法和手段。这些全面收集起来的各种记录人类经验、知识的载体，在经过整理加工后得以系统地保存，汇集成人类的图书文化遗产。每一代人都是通过对这些文献的利用、继承和发扬而取得新的知识和经验的。人类就是在这种借鉴和继承的基础上，从刀耕火种、以洞穴为居的生活，发展到现代的文明发达社会的。

试想，如果没有图书馆的系统收藏，我们祖先创造的五千多年的光辉灿烂的文化，便无法被我们知晓，更谈不上继承发展。毫无疑问，在社会上最广泛、最完整地保存记载人类活动和知识文化典籍的，只有图书馆。所以说，促进文化传承是高校图书馆的重要功能之一。

四、多方面的教育功能

（一）德育教育

由于高校学生在校时间短，而且学生的职业技能教育是教学的中心，因此对学生的思想道德教育的工作压力很大。图书馆作为社会主义精神文明建设的重要基地和学校教育的重要基地，有责任也有能力配合学校进行学生的思想教育工作。相对于直接的灌输式教育，图书馆的思想道德教育是一种间接的渗透式教育模式。图书馆的道德教育主要有两种途径：一是利用馆内丰富的文学、哲学、美术、音乐、伦理学等各学科文献资源，引导学生多读一些有利于个人思想和学习进步的好书，避免一些品位不高容易产生消极影响的书对学生的腐蚀，从而达到教育的目的；二是营造优美的自然环境和民主、和谐的人文环境，使学生能在良好的环境中轻松愉快地看书学习，久而久之，学生会在不知不觉中养成良好的行为习惯和道德风尚，学生可在图书馆里认识美、崇尚美，努力维护美。渗透式教育不易使学生产生抵触心理，可在潜移默化中提高学生的思想道德水平。

（二）智育教育

图书馆的智育、学校教学的目的就是为国家培养所需的德才兼备的高素质人才，因此图书馆的另一个重要任务就是配合学校教学，对学生进行学习教育，也就是智育。相对综合大学教育而言，高等职业教育的主要目的是培养精通一门技术的专门人才。这些专门人才的培养主要是为了满足当前社会化大生产的分工需要，可是随着分工的越来越细，分工之间的联系和互相渗透也越来越密切。因此，高等职业教育应该培养具有一项专门技能、知识面广、基础扎实，以及能适应现代化生产和现代化建设的人才。然而，高职高专类学校的教学时间一般较短，在教育结构向综合方向发展时，假如把握不好度的问题，就有可能削弱主干学科的教学，从而失去高等职业教育的本意和优势。而且在高职高专学校里，不同学生的天赋、兴趣、爱好、发展趋势都有着明显的差异，所以对他们的综合教育最好依托图书馆来进行。

（三）完善知识结构

学生的知识结构主要包括三大类：基础知识类、专业知识类和动态知识类。要建立高职学校学生合理的知识结构，必须坚持以"专"为主，以"博"为辅，"专"与"博"相结合的原则。"博"指的是基础知识广博、宽厚；"专"指的是专业知识技能要精深、透辟。这一方面要求在广博的知识基础上求专业知识的精深，另一方面要求围绕专业知识精深目标求基础知识的广博。此外，要帮助学生建立合理的知识结构，还必须善于根据客观情况不断调节和补充知识内容。因为知识结构是动态的而不是静止的，只有随着客观情况的变化不断地进行调节、更新，合理的知识结构才能建立起来。调节、更新知识结构的方法有精选法、补缺法。精选法就是根据所学专业对各类各层次的知识分类排队，精选吸收最需要的知识，完善自己的知识结构。补缺法就是在学习中发现知识结构中缺少的某些必备知识，可争取在较短的时间内学以致用。无论是博学，还是精学，无论是调节更新，还是精选补缺，都离不开图书馆。因为图书馆藏书门类齐全，从自然科学到社会科学，从尖端学科到边缘学科、交叉学科，文献资料可谓取之不尽，因而图书馆是学生课余时间博学、精学，知识调节与更新的最理想场所。

（四）发展学生个性

学校根据个人需要与兴趣开设了各种选修课，但这不能满足学生个性发展的需求。而图书馆具有得天独厚的优越性。它不受时空限制，给"吃不饱"的学生提供了广阔的天地，给"吃不了"的学生提供了课外辅导，图书馆可提供古今中外各个学科及相关学科不同观点、不同语种、不同版本、不同载体的文献，供学生选择利用，使之各取所长，各得其所，这比课堂"灌输"效果更好。当今，交叉学科、新兴学科不断涌现，由于诸多原因，课堂教学无法适应学生日益增长的学习需要，而掌握大量文献信息和信息利用技能的情报专家、文献专家、图书馆馆员恰恰能满足学生的需求。

（五）发挥第二课堂作用

大学生在校学习，教室自然是学生的第一课堂。图书馆（包括自习教室、阅览教室、电子阅览室等相关场所）可称作第二课堂。图书馆提供的是一种主动的教育，是一种学生要求学习和接受知识的教育方式，学生在借书的时候，在阅览的时候，在查阅电子资料的时候，是以一种主动的方式来接受教育的，是以"我要接受知识"的方式来学习的。在和第一课堂的比较方面，第二课堂的灵活性更大，可选择性更多，对学生的吸引力也更大一些。

我国实行的是每周五天的学习制度，每周都有两天的休息时间，这一段时间完全是归大学生自己支配的自由时间。学生在校外长时间自由活动，难免会发生各种问题，可能出现学校和家长都不愿意见到的情况。在图书馆学习就可以完全避免这些问题，学生在阅览室翻阅期刊和报纸，有助于学生了解社会。学生在电子阅览室中查阅资料，开阔了眼界，丰富了视野，接受了信息化的教育。学生在图书馆中借阅图书，也学到了专业知识。而且，图书馆还可与学校团委、学生会等组织联合举办各种读书报告会、知识竞赛等，既陶冶了学生的情操，又增长了学生的知识。总而言之，在大学中要充分发挥图书馆第二课堂的作用，为学生营造一种信息丰富、环境幽雅、方式多样的学习环境，使学生在休闲和娱乐中获得有益的知识和社会经验。

第二节　高校图书馆的馆藏资源

一、馆藏资源的重要性

（一）条例规定

1985年以来，教育部颁布了一系列高等教育条例，在大学层面实施的大学教育评价制度中，书籍和材料被认为是教育的基础。评价者应将调查目标纳入评价体系，并对高校图书馆每年的藏书量进行分析。

因此，作为高校教育评价标准的一个指标，纸质馆藏资源是最重要的一部分。馆藏建设应当按照各个文件中的规定，完善评价体系。现下高校图书馆纸质馆藏资源的建设与开发显得尤为重要。

（二）财力配置的需要

纸质资源的获取是高校图书馆工作的重点，是图书馆建设纸质馆藏资源，满足大学生读者需求的关键问题。因为据调查所得数据可知，20%的读者使用了80%的馆藏信息资源。如果能够明确读者的兴趣和需求，就能合理配置资源，使资源分配和运用更加合理。同时，图书馆应合理减少甚至取消一些低利用率的资源。另外，对于一些昂贵的学术专著、原版外文书、参考书等，可以制订专门的购买计划，拨专款进行购买。高校图书馆要考虑资源的整体效益，统一调配、合理利用，以满足读者的需求。

（三）文化价值

在资源建设中，我们不能忽视和忘记纸质资源的价值，高校图书馆是为教学和科研服务的部门，要在一定范围内提供公共服务，需要解决大量读者的阅读问题，满足不同层次读者的需求。因此要优先考虑纸质资源的收集和应用问题。高校不同层次的读者，如教师、毕业生、在校生等，在各自的领域内系统地吸收和学习知识，对于图书有不同的要求。纸质图书无论是工具书、专业书还是休闲类书籍，重点是能满足师生的阅读需要。另外，高校图书馆的馆藏特色是图书馆特色的体现，使其有别于其他类型的图书馆。其馆藏文化和特色充满了生命力和竞争力。作为一个完整的教育、科学和学术机构，采购、储存和收集各种学科的图书和作品是图书馆的任务和责任，因此，高校图书馆的图书资源管理非常重要。纸质图书的物质资产价值、非物质文化价值和资源收藏价值是许多数字化数据和电子资源无法比拟的，更是其无法替代的。

二、馆藏资源与学科服务

（一）学科服务的定义

学科服务是一种创新服务，没有既定的模式。图书馆应了解师生的信息概况，以便采取相应的服务模式提供适合的服务。高校图书馆学科服务的实践与应用可分为以下四方面。

① 以学科馆员为主体的服务方式。

② 以图书馆信息资源为主体的服务模式。

③ 一种基于信息和导航的服务模型。

④ 以用户为主体的服务条款。

学科服务的最终目标是满足不同学科或专业读者的需求。大学生读者的偏好与需求始终是学科服务的核心，而高校图书馆馆藏资源建设应始终以读者需求为中心，所以图书馆要掌握学科服务和馆藏资源之间的关系。

（二）面临的问题

学科服务理论在图书馆中的应用，存在一些限制和问题，具体包括以下三方面。

1. 管理人员专业知识缺乏

高校图书馆聘用的工作人员，对于纸质图书的了解，受限于专业知识，无法全面了解各学院各学科或专业的各类知识或动态学科知识，因此，纸质图书的获取工作有一定缺陷。非本专业的工作人员对这门学科或专业的基本知识掌握不够，就会给他们的日常工作带来问题。然而，在这样的困境中，没有明确的解决办法。如果没有专业知识的支持或专业人员的指导，学科服务理论就不能用于文献资源建设工作。

2. 管理人员服务意识差

高校图书馆馆藏文献资源建设与开发的目的是为读者提供所需的信息。

然而，图书馆工作人员的角色从"管理者"到"服务者"的转变是非常重要的，也是非常困难的，所以这往往是一个非常艰难的过程。主动服务意识的缺失阻碍了各类资源征集服务的进行，因此，图书馆工作人员的角色必须从观念的角度进行转变。从被动到主动，我们要合理定位图书馆工作人员的角色，使他们实现从"知识管理者"到"知识服务者"的转变，最后实现向知识领导者的转变。

3. 管理人员无法满足读者需求

高校图书馆拥有大量不同的读者群，需要满足不同的学科和专业读者的需求。在参观服务过程中，工作人员可以通过与读者的对话，快速了解读者的需求。应用这种方式虽然能与读者取得联系，但也总是停留在表面，不能深入读者充分了解读者，缺乏科学的统计数据和强有力的数据支撑，不能做到精确而充分地满足读者的需求。

（三）对策和建议

1. 优化客观条件

纸质馆藏资源建设是高校图书馆服务运转的基石，基础的图书采访、上架、借还服务依然是高校图书馆服务工作的重心。在高校图书馆现有的空间环境、设备资源、经费资源、人才储备等客观条件的限制下，如何将纸质馆藏资源建设与学科服务对接，是高校图书馆服务提升需解决的问题。

2. 合理使用经费

随着电子资源、数字资源的崛起，很多高校图书馆的经费利用大都侧重于数据库资源的购买和引进，并且数据库等电子资源也确实价格较高。这样往往会造成在有限的经费限制下，纸质馆藏资源的采购不得不逐渐被压缩。高校图书馆又要达到生均藏书量、生均年进书量等教育评估指标，在这样的情况下，纸质馆藏资源的采购矛盾重重、举步维艰。高校图书馆必须寻求方法，合理利用经费，使数字资源建设和纸质馆藏资源建设达到满足高校学科建设、图书馆学科服务以及读者需求三者的平衡。

3. 合理利用存储空间

纸质馆藏资源的载体形式要求高校图书馆必须具备合理的物理存储空间，合理配备一些电子设备以方便读者检索查询。这就需要高校图书馆根据本校的学科、专业设置以及重点学科、特色专业等，为借阅量大、更新速度快、重点建设的学科或专业的馆藏调配合理的存储空间，将一些流通率低、脏污破损等图书及时剔旧下架，以保证充足的存储空间并且得到合理利用。

4.重视人才培养

人才的储备和培养是高校图书馆学科服务的智慧支持和保障。根据相关调查，我国部分高校存在图书馆建设"只投物不投人"的问题，尤其是对于高素质高标准的学科馆员岗位配置始终不够理想。纸质馆藏资源建设不仅需要图书馆学、情报学等方面的专业人才，还需要具有学科专业知识的人才来保障纸质馆藏资源的采购能够满足不同学科或专业读者对自身专业图书的需求。

5.满足读者需求

纸质馆藏资源建设的最终目的是满足读者需求，使读者有其书、书有其读者。因此，全面了解读者需求是做好纸质馆藏资源建设工作的基础。

（1）分析统计数据

用数据说话，数据比人更了解人。不同学科不同读者对于纸质馆藏资源有不同借阅需求和倾向，图书馆可通过问卷调查、实地采访等形式了解读者的需求，这就为下一步的纸质馆藏资源的采购提供了数据依靠和支持，工作人员可以更加直观地了解读者的借阅行为，避免了之前盲采的误区：采无可用，用而无采。图书馆应在全面了解和掌握读者需求的基础上，为读者提供更加专业化、细致化的学科服务，建设具有专业化、多样化、对口化特色的更加合理的纸质馆藏资源体系。

（2）面对面沟通

全面了解读者需求，在用数据说话的同时，工作人员还需与读者正面接触，与读者面对面地沟通，了解读者的诉求和心声。图书馆可在数据分析的基础上，加强与读者的联系，让读者直接参与纸质图书的采访工作，为学科服务提供人本支持。

6.主动推送信息

纸质馆藏资源推送服务是图书馆服务主动性、积极性的体现。推送服务改变了过去的被动服务方式，主动为读者提供信息资源的最新动态信息，使读者能够及时了解纸质馆藏的状态。

（1）相关推送

通过上文对读者借阅行为的关联分析，我们可以得知个体读者、群体读者借阅行为的关联规则。在读者的借还过程中，图书馆就可以通过数据统计分析的结果得知读者的阅读偏好和兴趣，一方面可以为纸质馆藏资源建设提供数据支持，另一方面也可以为读者及时推送相关图书、到馆新书的信息，变被动服务为主动服务，迎合读者的借阅需求。图书馆可以通过对读者的学号、类型、专业、年级等后台信息的检索，根据读者的学科、专业特色为读者提供精准的推送服务，读者不仅可以得到关于自己的推荐服务，还可以看到相同、相近或交叉学科的其他读者对于图书的借阅兴趣和爱好，从而为自己的借阅提供参考。

（2）网络推送

为保证读者能够第一时间掌握纸质馆藏资源的最新动态信息，纸质馆藏资源的到馆信息需要及时发布。图书馆主页及相关平台都可以进行发布操作，将每周到馆新书的信息包括图书的题名、作者、出版社、版次、馆藏地点等以电子表格的形式上传到图书馆主页及相关平台。读者可以在"新书发布"页面查看，及时了解上架新书的状态。

7. 反馈信息收集

读者的满意度是衡量图书馆服务质量和效率的指标，读者意见及反馈系统则是图书馆与读者沟通的桥梁。随着科技的进步，各种通信设备和软件都可以成为读者反馈意见和建议的渠道，如电话、电子邮件、腾讯QQ、微信公众号、论坛等。对于纸质馆藏资源建设的学科服务，图书馆需要做到规范建议渠道，保障各渠道的畅通，设定专门的服务人员，及时为读者提供答疑解惑、意见反馈等服务。对于不了解专业知识的服务人员，需为读者提供可以解决问题的其他方法，如帮助他们联系学科馆员、告知专业人士联系方式等。同时，文献采访部门也应定期采取调查问卷、读者座谈会等方式，积极主动了解读者对纸质馆藏资源建设的意见和建议，及时将读者的反馈信息汇总分析，在下一步的工作中完善并改进。

第三节　新时期高校图书馆的创新建设

一、构建智慧图书馆管理系统

（一）管理创新

面对当今世界信息科学技术不断发展的形势，传统意义上的图书馆存在的问题越来越明显，尤其在服务工作及管理工作的效率上更为突出。使用快捷、高效运转以及信息重组是对智慧图书馆提出的更高的要求。智慧图书馆的各种管理及服务工作在物联网技术、计算机技术的基础上井然有序地开展，尤其在紧急响应管理中有着重要的作用。当今社会，图书馆的建筑面积越来越大，楼层越来越高，基础设施的负担越来越重，服务系统的运载负荷和信息量也日益增大，而这些含有庞大信息量的系统一旦出现问题，就可能给图书馆造成不可估量的损失。面对当今世界复杂的发展形势，图书馆只有借力于更完善的制度、更智慧化的管理和信息体系才能为用户提供更高效、优质的服务。

智慧图书馆管理系统以计算机网络信息技术和物联网技术为基础，拥有许多功能。下面我们从不同方面来分析智慧图书馆管理系统的功能。

1. 获取资源

读者通过智慧图书馆管理系统可以从众多的数据库中快速地找到自己想要的文献资源并保存。

2. 储存资源

工作人员采集到信息后，对信息进行加工处理，存储这些信息，方便今后调用。

3. 建立资源目录

工作人员用软件进行对接，对数据进行删减等处理后，建立一个数据图表。这个图表使关键信息变得一目了然，读者可以更快捷地得到所需的信息资源。

（二）服务体系创新

"以人为本"是图书馆的服务宗旨，图书馆怎样为读者提供更好更多的服务，则是通过图书馆服务系统体现的。智慧服务是图书馆管理平台的主要功能，主要包括以下几个子功能。

1. 自助复印打印

校园自助复印打印系统完全能够满足不同层次读者的需求。系统采用自助管理的运行模式，通过校园一卡通进行扣费，做到使用内容及费用可查，一切从读者角度出发为读者提供复印打印等全方位的服务。

2. 信息推送

信息推送服务指的是在互联网环境下，针对读者的需求通过数据库和互联网络搜索到符合用户需求的文献资源，然后将搜索结果通过网络发送到读者手中。信息推送服务也可以是某个服务部门将搜索到的相关文献资源，按学科或专题分类通过手机应用、软件或邮件等向特定读者发送。信息推送服务是信息个性化服务的具体表现，是互联网环境下信息服务的新模式。由于现在互联网信息技术日益完善，信息推送服务将会成为文献资源收藏单位今后开展信息服务的另一种途径。

3.个性化服务

个性化服务，指的是在获得网站访问量、图书馆各个系统基本数据的情况下，对有关数据统计、分析，总结用户的行为习惯，并将这些规律与图书馆管理策略等相结合，从而发现管理的问题、可以改进之处，修正或制定有效的管理策略。对用户行为监测获得的数据进行分析，可以让图书馆更加详细、清楚地了解用户的行为习惯，从而找出自身管理过程中存在的问题，有助于图书馆的管理更加精准、有效，也有利于提升图书馆的服务内涵。图书馆应对读者的检索信息、下载文献资源的信息、借阅书目的信息等进行分析，为读者提供个性化的服务。

4.预约服务

图书馆由于座位资源数量有限，以及缺乏合理有效的管理机制，因此出现读者排队抢位、大量长期占座但又不正常使用等现象，这已成为高校图书馆面临的一大难题，并带来一系列的影响。

①读者认为图书馆监管服务没有做到位，没有有效监管读者占位后不使用的情况。

②有使用座位需求的读者抢不到座位，而抢到座位资源的读者没有对座位进行有效利用，造成大量座位资源的浪费。

③读者之间出现争抢座位的现象，影响同学之间的和睦相处。

④对于占座不使用的现象，图书馆需要安排工作人员对座位进行清理，这就增加了图书馆的人力成本。

（三）构建智慧图书馆面临的问题

1.成本

智慧图书馆的建设是基于物联网技术基础之上的，物联网将物与物、人与物相互联系并进行高效的管理。这一特点决定了物联网随着社会经济、科学技术的发展必将延伸出更多的应用。在物联网技术发展的初期，由于网络传感技术薄弱，射频识别电子标签及其读写设备的价格不菲，所以，在物联网建设初期很难有成效。而由于没有得到广泛的应用，电子标签及其相关设备的成本问题便不能够达到用户的期望值。成本问题导致其没有得到广泛的普及，如何在建设初期让用户降低成本成了打开这一市场的首要问题。在成本还未降至用户能接受的范围之前，物联网的发展始终有一定的局限性。智慧图书馆的建设初期一次性投入成本巨大。

2. 个人信息安全

在物联网建设中，射频识别（RFID）术是物联网的核心技术。在 RFID 系统建设中，RFID 芯片通常被事先嵌入物品中，而该物品的所有者不一定知道嵌入 RFID 芯片的物品及其自身在未被告知的情况下被扫描及定位跟踪，这会使个人隐私受到侵犯。如何确保个人隐私不被侵犯已成为 RFID 技术推广的关键所在。而且，这不仅仅是一个技术问题，还涉及个人信息的保护问题。

3. 服务队伍建设落后

智慧馆员是智慧图书馆的灵魂，是智慧图书馆建设的中坚力量，馆员代表着图书馆的活力和智慧。图书馆智慧馆员需要具备的核心能力是为用户提供学科信息服务，这就对馆员提出了更高的要求，馆员应具备专业科研的潜质和不断学习的能力。当前对图书馆馆员缺乏系统规范的培训，制约了智慧图书馆的发展。

（四）应对措施

①智慧图书馆管理平台建设的关键是掌握核心技术，运用新技术实现技术创新、管理创新。在智慧图书馆管理平台建设与管理过程中可运用计算机、网络新技术进行应用创新，提升核心竞争力，从而达到智慧图书馆智慧管理的目的。

②制定智慧图书馆管理平台建设规划。重点研究开发传感器、RFID、终端硬件设备、软件及系统平台。

二、建设高校网络图书馆

（一）图书馆网站分类

从各图书馆创建的阅读推广专题网站内容来看，其主要分为以下四类。

1. 阅读推荐网站

阅读推荐网站，通常包括新书推荐、借阅排行榜推荐、经典推荐、教授及学子推荐等方面的内容。北京大学图书馆和清华大学图书馆在此方面颇具典型性。

北京大学图书馆的"阅读推荐"专题网站包括"新书通报""教授推荐阅读"和"学子推荐阅读"三方面的内容。"新书通报"设置了按月、馆藏地分类的浏览方式，并设置有"热门关注图书榜"，图书按上架时间、分类号、题名、作者、热门程度排序。每一本新书，展示的元素除了出版项，还包括图书封面图片、内容简介、作者简介、目录、相关图书。"教授推荐阅读"和"学子推荐阅读"标明了推荐图书的出版项及索书信息。清华大学图书馆的"读在清华"专题网站包括"专题书架""新书通报""每周甄选""借阅排行"四个栏目。"专题书架"指定期按照主题拟定书单推荐阅读，如新生入校时推出"大学第一课"专题，鼓励大学生创新创业的"年轻人，创业吧"专题，讲述学校历史、增强学生对学校的认同感和归属感的"清华人与清华大学"专题，针对专门的文学经典著作的"陈忠实与白鹿原"专题等。"新书通报"定期通报社会科学、文学、艺术、自然科学、生命科学、医药学、工业技术、综合性图书等类别的新书。"每周甄选"指每周精选推荐一定数量的新书。"借阅排行"指以年为单位，按照每种图书在图书馆出借的次数，列出图书借阅排行榜，分总榜、社科类、科技类和文学类四个类别。对于所推荐的图书，网站提供题录信息、馆藏信息，及从其他网站抓取的图书简介、相关视频信息、社会化阅读信息以及在线试读。

2. 经典图书全文网站

南京大学图书馆的"南大悦读经典"、中国人民大学图书馆的"读史读经典"、西安交通大学图书馆的"100本经典"都是为了推广经典阅读而创建的全文图书网站。

3. 线上展览网站

例如，北京大学图书馆的"在线展览"，同济大学图书馆的"网上展厅"，中国海洋大学图书馆的"文化展厅"等。

4. 阅读推广活动汇集展示网站

设计阅读推广专题网站关键要考虑读者的兴趣与感受，因此专题网站的名称需令读者一眼即知其内容，以吸引读者进入网站去查看。在此方面，东南大学图书馆的设计可谓一目了然。该馆与阅读推广相关的专题网站有"阅读推荐"和"阅读推广"。"阅读推荐"基于国内高校各类推荐书单、国内知名图书馆借阅排行榜、豆瓣热门书单等书单来源，整理成文学、哲学、艺术、历史、经济、社会政治、心理健康、科学素养八个版块，共计500种图书。每周三在图书馆微信公众号和网站上同步推出最新一期书单。"阅读推广"下设"读书节"（历年读书节活动）、"书乐园"（馆办读书刊物）、"读书会"（学生读书社团）。兰州大学图书馆创建的"书香兰大"专题网站则是较全面地展示阅读推广工作的代表，设有工作动态、阅读视界、好书推荐、精彩书评、阅读排行、阅读之星、图书捐赠与漂流专栏。

（二）网络环境对服务的影响

1. 服务趋向开放性

网络环境下图书馆开始越过"围墙"，从固定场所走出去，主动接触用户，改变了传统的文献服务模式。在信息的采集、加工、组织、服务方面，面向网络环境，以新的方式组织、控制、传播信息，建立了辐射型的、开放型的服务系统。服务由馆内向远程发展，读者在网上可以获得多家图书馆的服务，不存在因多人使用而发生冲突的问题。

2. 服务模式发生变化

在网络环境下图书馆可基于内部局域网、校园网、国际互联网等模式为用户提供形式多样、内容丰富的信息服务。信息检索和使用的界限逐渐模糊，提供珍贵文献和智能服务将成为重点，个性化服务、特色化服务、网络信息导航服务和用户培训会受到重视。图书馆服务工作从以满足读者书刊借阅的文献需求为主的模式，转移为以满足读者的知识信息需求为主、以知识开发服务为主要功能的模式。

3. 服务形式多样

图书馆可提供联机书目查询、网上检索、网上咨询等服务。图书馆还可提供远程登录、预约登记、网上培训、馆际互借、信息检索、远程电视会议等服务。

（三）网络环境对设施的影响

建筑、设备为图书馆开展各项活动提供了必要的空间环境和工具。传统图书馆受以藏为主观念的影响，因而在建筑构成上收藏和保存文献用的库房占较大面积，功能也较单一；在设备配置上则以常规的设备为主，主要包括藏书设备、阅览设备和机械设备。网络环境对图书馆建筑、设备的影响表现为以下三方面。

① 要求设备先进。为了充分利用新型电子文献，提高服务质量和效率，图书馆将不断引进先进的技术和设备，如计算机、专用服务器、扫描设备、打印设备、触摸屏等。

② 要求馆舍具有智能性，即配有楼宇自动化系统、办公自动化系统与管理信息系统。先进的通信网络系统和结构化综合布线系统构成统一的整体。

③ 要求布局合理。图书馆应根据信息技术应用的要求设置专门的场所，如设置具有一定空间的电子阅览室、信息检索室等，以营造良好的学习和交流文化信息的氛围。

（四）咨询模式的转变

1. 转变方向

随着互联网的发展，产生了一大批电子化、数字化的信息，它们改变了人们获取和传播知识信息的方式。图书馆在竞争和机遇中求发展，借助网络和数字化技术创建了丰富的虚拟馆藏，同时提供网络信息咨询服务。就历史的发展而言，传统参考咨询是网络参考咨询的基础，网络参考咨询是对传统参考咨询的继承和发展，二者体现了历史的延续性。但这并不意味着图书馆的参考咨询服务从此便是网络参考咨询服务的天下。事实上，正如传统的图书馆不可能被数字图书馆完全取代一样，图书馆的传统参考咨询服务也不可能完全被网络参考咨询服务取代。但是，为了适应社会的发展、满足用户的需求，图书馆信息咨询必须与先进的信息技术相结合，形成一种综合性的信息参考咨询服务模式。

2. 新式咨询方式

（1）实时交互

实时网上参考咨询服务将成为图书馆参考咨询服务的一种新的发展趋势，也是一种切实可行的服务方式。在知识创新、传播的过程中，交互是不可或缺的。只有在交互中，才能发现知识、创新知识。现代的咨询软件应用系统不仅应提供读者与咨询员之间直接交流的平台，而且应将交互的内容记录下来，以便在需要时由咨询员形成具有共性的专题解答，产生新的系统化知识。同时，实时图书馆参考咨询服务应遵循统一的读者认证、服务结算原则，并接受咨询监督管理。实时网上参考咨询服务有多种形式，交互式咨询服务是以电子邮件和留言板为主要手段来提供咨询服务的。图书馆主页可设置电子邮件或"留言板"的链接，用户将咨询问题以表单的方式提交给咨询馆员，咨询馆员在最短的时间内，以相同的方式如可视白板等，将答案送给咨询用户。而在实际工作中采用较多的是可视交谈白板，教学科研人员与参考咨询馆员利用摄像机、话筒及交谈软件和商务软件，通过下载安装插件便能在网上进行可视同步交流，并有图像和文字显示，同时伴有声音，可以取得教学科研人员不出门便与参考咨询馆员当面交谈的效果。这种服务有效地解决了不当面谈就难以把握教学科研人员真实需求的问题，极大地方便了教学科研人员，使他们随时可以与参考咨询馆员进行实时音频、视频交流，从而获得所需信息。

（2）请求单

读者填写咨询请求单，提交给图书馆，咨询馆员逐一受理请求，并在读者指定时间内交给有关咨询专家解答后反馈咨询结果。由于整个过程需要一定的时间，而且可能涉及其他相关的图书馆，因而必须建立一整套的机制，使读者能够知道其请求目前所处的状态。应用平台可保存请求的提问与咨询的结果，以形成可重复使用的知识单元。电子邮件咨询为基本的请求咨询方式。

（3）知识体系服务

知识体系的咨询服务指的是按照知识的学科体系及分类结构、知识的不同形态、知识的语言学原理和知识的关联方法等内在要求，重点对本馆在线与非在线的图书、期刊、图片、视频、音频、数据库、多媒体和网页等进行"知识化"的有序重组与集成，以动态分布的方式为用户提供"一站式"的咨询服务。图书馆应根据读者群、资源特点，有计划、有合作、有重点地引进与建设专题资源，形成特色专题数字图书馆，并提供给读者使用。专题数字图书馆资源的累积是主动建设参考咨询知识体系的重要举措，也是网络环境下参考咨询体系的重要组成部分。专题数字图书馆是现代图书馆读者服务的重要窗口，是将到馆服务和网上服务相结合来提供服务的。

（五）个性化服务定制

1. 主要作用

目前，互联网上的网页浩如烟海、信息庞杂，现有的搜索引擎信息搜索精度很差，另外，网上信息的受控性差、随意性大，特别是信息整序不够等缺点是显而易见的。因此，面对国内外与日俱增的网上信息资源，读者（用户）迫切需要图书馆提供个性化定制服务。通过个性化定制系统，用户可以快速准确地获得所需要的信息资源，克服网上信息资源搜索、整序精度差的问题。

2. 发展方向

（1）专业化

大而全的信息服务往往难以深化，因此特定领域、特定用户和特定需求的垂直门户网站便成为网络信息服务发展的一种趋势。垂直门户网站的特点在于它对网上的专题信息资源进行收集、鉴别、筛选、过滤、组织、描述与评论，组织目录式索引提供源站点地址，并带有专业搜索引擎。与综合性门户网站的包罗万象、信息粗浅、搜索引擎效率低下相比，垂直门户网站并不求大求全，而是力求特定领域信息内容的全面和专深，立足于提供某一领域的精品服务，这种特定服务可以有效地把对某一特定领域信息感兴趣的用户与其他用户区分开来，更能满足用户的特定信息需求，从而提供高质量的个性化信息服务。而用户的个性化信息定制需求也集中于专业学科研究领域，图书馆需要及时提供有关课题的研究现状、研究地位和前沿学科动态，信息内容越专深，用户的满意度就越高。因此，个性化定制服务和垂直门户网站的结合，可以优势互补，使个性化定制服务更好地满足用户需求，同时也使图书馆的服务进一步向纵深发展。

（2）以用户为中心

个性化定制服务为用户提供符合个人需要的服务，本身就是"以用户为中心"思想的体现。但现在的个性化定制服务在提供服务的过程中并非都能很好地以用户为中心。要真正做好个性化定制服务，必须将"以用户为中心原则"作为出发点和归宿，在系统设计时要进行调查分析，考虑服务的用户群类型、特征，分析用户的真正需求。图书馆要不断增强系统的服务功能及其与用户的交互性，为用户创建自己的信息集合提供足够的弹性，并能实现图书馆馆员和用户之间附加的、同步的交流，如增添新的交流渠道，包括实时在线聊天、视频会议等，使用户可以将更多的时间用在评价数据、信息或知识的价值上。

第四章　信息化背景下图书馆管理创新

在信息社会，图书馆信息化建设是图书馆发展的必然趋势。本章为信息化背景下图书馆管理创新，内容包括信息化的概念和内涵、图书馆信息化、图书馆信息化发展趋势以及图书馆的信息化管理。

第一节　信息化的概念和内涵

一、信息化的概念

信息化的概念起源于 20 世纪 60 年代的日本，首先是由一位日本学者提出的，而后被译成英文传播到西方，西方社会普遍使用"信息社会"和"信息化"的概念是 20 世纪 70 年代后期才开始的。关于信息化的表述，在我国学术界和政府内部有过较长时间的研讨。如有的观点认为，信息化就是计算机、通信和网络技术的现代化；有的观点认为，信息化就是从物质生产占主导地位的社会向信息产业占主导地位的社会转变的发展过程；还有的观点认为，信息化就是从工业社会向信息社会演进的过程；等等。

1997 年召开的首届全国信息化工作会议，对信息化和国家信息化定义为："信息化是指培育、发展以智能化工具为代表的新的生产力并使之造福于社会的历史过程。国家信息化就是在国家统一规划和组织下，在农业、工业、科学技术、国防及社会生活各个方面应用现代信息技术，深入开发广泛利用信息资源，加速实现国家现代化进程。"要实现信息化就要构筑和完善包括六个要素（开发利用信息资源，建设国家信息网络，推进信息技术应用，发展信息技术和产业，培育信息化人才，制定和完善信息化政策）的国家信息化体系。通信经济学中关于信息化的定义为："所谓信息化，就是社会经济的发展，从以物质与能源为经济结构的重心，向以信息为经济结构的重心转变的过程。"信息化代表了一种信息技术被高度应用，信息资源被高度共享，从而使得人的智能潜力以及社会物质资源潜力被充分发挥，个人行为、组织决策和社会运行趋于合理化的理想状态。同时，信息化也是互联网技术产业发展与互联网技术在社会经济各部门扩散的基础之上的，不断运用互联网技术完善传统的经济、社会结构，从而通往如前所述的理想状态的一个持续的过程。

二、信息化的内涵

信息化是在经济、科技和社会各个领域，广泛应用现代信息技术，有效开发利用信息资源，建设先进的信息基础设施，发展信息技术和产业，不断提高综合实力和竞争力，加速现代化进程，使信息产业在国民经济中的比重逐步上升的过程。其完整的内涵包括以下四个方面。

①信息网络体系。它是大量信息资源、各种专用信息系统及其公用通信网络和信息平台的总称。

②信息产业基础。信息产业基础即信息科学技术的研究、开发，信息装备的制造，软件开发与利用，各类信息系统的集成及信息服务。

③社会支持环境。社会支持环境即现代工农业生产，以及管理体制、政策法律、规章制度、文化教育、道德观念等。

④效用积累过程。效用积累过程即劳动者素质、国家的现代化水平和人们生活质量不断得到提高，精神文明和物质文明不断获得进步。

信息化的内涵启示我们：信息化的主体是全体社会成员，包括政治团体、企事业单位和个人；它的时域是一个长期的过程；它的空域是政治、经济、文化、军事和社会的一切领域；它的手段是基于现代化信息技术的先进社会生产工具；它的途径是创建信息时代的社会生产力，推动社会生产关系及社会上层建筑的改革；它的目标是使国家的综合实力、社会的文明素质和人民的生活质量全面达到现代化水平。

第二节 图书馆信息化

图书馆信息化是一个从孕育到成熟的过程，是一个继承和发展的过程。20世纪 70 年代，我国图书馆开始使用计算机技术。到了 20 世纪 90 年代，图书馆已经较全面地采用现代信息技术，图书馆信息网络建设取得了较大的发展，科学技术对图书馆的贡献达到较高水平，图书馆信息化建设迈上了一个新的台阶。图书馆已不再仅仅是保存和利用图书的场所,其正在成为全社会的知识信息中心,将发挥更大的作用。图书馆信息化的力量是巨大的。

一、图书馆信息化的概念

关于图书馆信息化的概念,理论界有多种不同的解释,比较有代表性的有以下四种。

① 图书馆信息化指的是图书馆在信息的采集、存储、加工、制作、传递、利用等各项工作中,应用计算机、网络、多媒体等现代信息处理技术等手段,对图书馆进行全方位、多角度的改造,以实现信息资源的深度开发和普遍共享,为用户提供最有效的服务,最终产生一定的社会效益和经济效益。

② 图书馆信息化就是图书馆不断应用信息技术,深入开发和应用文献信息资源的过程。图书馆信息化就是信息技术应用和文献信息资源开发由局部到全局、由内部到外部、由局域到全球不断深化的过程。

③ 有学者提出了狭义和广义两种不同的理解。从狭义上讲,图书馆信息化是人或组织在采集、加工、储存、传递和共享的过程中借助先进的信息处理技术的现代化过程。从广义上来看,信息化是借助信息处理技术的现代化过程,它不仅包括技术设备和工作手段的现代化,还包括思想观念、人员素质、组织结构、管理体制、工作内容等多层次全方位的现代化。

④ 最具权威的界定,应是国家信息化领导小组的有关阐述。该小组认为,图书馆信息化是以信息技术在图书馆中的广泛应用为主导,以信息资源建设为核心,以网络为信息传输基础,以信息人才为依托,以法规、政策、标准为保障的综合体系。

二、图书馆信息化的特征

尽管专家、学者对图书馆信息化的内涵和外延有着种种不同的认识,但从中可以看出,图书馆信息化具有如下特征。

(一)业务操作和管理自动化

工作人员利用计算机技术自动地完成图书馆的各项工作。图书馆工作一般包括藏书的拟定和获取;编目、分类和具体准备;检索和参阅;流通,即馆内资料的库存和借出;馆际的借入借出。所谓图书馆自动化,就是利用计算机自动地完成上述工作。

图书馆自动化主要包括软件、硬件和人员三个要素,其中软件是自动化的关键因素。对软件的选择直接关系到自动化系统的预期设计目标能否实现。只有依靠软件的支持，才能充分发挥计算机的优越性，并提高工作效率和质量。

（二）信息资源存储数字化

信息资源存储数字化包括馆藏资源的数字化转化及网上数字资源的收藏。条目（如图书、期刊、地图、影片或手稿等的）的技术处理是图书馆最重要的工作，花费也最大。条目的技术处理指获得条目、编入目录、准备上架、准备书卡、打印书背记号等手续。这些手续中所涉及的重要工作是数据处理。数据处理的主要困难是数据（如作者姓名、著作标题等）的长度不同，为了取固定长度而舍去数据的某些位又可能难以唯一地识别条目。数据之间有着复杂的关系，因此数据处理和储存要求采用先进的关系数据库管理系统。

图书馆的许多功能取决于根据文献目录、具体归属和课题内容描述条目的数据。因此，美国图书馆协会支持有关人员研究把这些数据转换成机器可读形式的方法，从而产生了机器可读分类规划，这成为后来发展图书馆多种功能自动化的基本组成部分。

（三）信息资源高度共享化

网络化是信息化的重要标志。图书馆网络化包括信息资源网络化、信息传输网络化和信息检索网络化。通过网络，任何人都可以与任何国家、任何地方的人直接沟通，能够在全球范围内实现知识共享。

信息资源共享化指图书馆在自愿、平等、互惠的基础上，通过建立图书馆与图书馆之间和图书馆与其他机构之间的各种合作、协作、相互协调关系，利用各种技术、方法和途径，共同建设和共同利用信息资源，以最大限度地满足用户对信息资源需求的全部活动。现在已经泛指生活中的各个领域的文字、数字、文化资源类目的分享和共用。

三、图书馆信息化建设的内涵

图书馆信息化是一个人们广泛关注的话题。经过多年的发展，我国的图书馆信息化已经奠定了一定的基础并日益走向成熟，但其中仍然存在许多问题。尤其对于信息化的准确理解，一直处于探索和争执阶段。从宏观层面来看，图书馆信息化应该是一项综合作业，包括硬件平台建设、应用软件建设、资源建设等全方位的协调发展。通过实现信息化从而优质高效地服务社会是图书馆的立足之本。在当前关于图书馆自动化、数字化、网络化等诸多名词的竞相炒作下，准确把握图书馆信息化的内涵，科学指导图书馆实践，具有一定的积极意义。

（一）硬件平台建设

硬件技术是保证图书馆信息系统正常运行的平台，离开了硬件技术的支持，图书馆信息化将无从谈起。不仅如此，硬件技术的层次还直接制约着图书馆信息系统运行的质量。因此，硬件技术的科学定位是图书馆信息化发展的重要基础，它主要体现在硬件系统的配置，或者说是图书馆信息化的硬件系统模式方面。

1. 基本模式

远离网络的单机、多机或者多用户系统模式在前些年较为常见，目前在建的多为网络系统模式，它已经成为国内图书馆硬件建设的基本模式。这些模式各有特点。对于图书馆这种数据源头多、数据处理工作量大、数据加工要求严格、数据传输要求快速、信息反馈对象广泛、信息存储安全性高的工作来说，由于计算机网络具有数据通信、资源共享、分布处理、集中控制、系统可靠等功能特点，因而它具有良好的发展前景。毋庸置疑，图书馆信息化以计算机网络技术为基础，远比建立单机系统、多机系统、多用户系统的效果好，这也是实现以图书馆信息为中心的信息管理系统集成的根本途径。

2. 发展趋向

从近些年的发展来看，影响硬件配置的原因是多方面的，但图书馆需求、管理水平和经费支持三个方面是主要原因，它们使得国内图书馆的发展呈现两极分化的趋势。

首先，单从需求看，社会对图书馆信息化的需求较小，尤其中小型图书馆并没有信息化的强烈要求，而管理层对图书馆也往往是一种借阅服务的简单要求。这样，在一些经费不是很宽裕的图书馆，选择较少投资服务器终端，甚至选择手工模式，满足简单的借阅需求可能更符合图书馆的实际愿望。其次，图书馆内部管理水平低下。虽然管理层已经意识到信息的重要性，但是将信息作为一种资源进行科学管理远未做到。由于对将丰富的馆藏资源转换为有价值的电子信息缺乏强烈的渴望，工作人员的工作目标并不明确，更不知道如何更新信息。这样，在管理水平较低的图书馆，以信息资源为核心的共建共享事实上只是空谈。最后，经费的支持是图书馆网络状况的一个决定因素，它是图书馆实现宏伟目标和理想的基石。

不可否认，国内图书馆界部分图书馆还有一种很不好的倾向，那就是贪大求全、盲目攀比。一些得到政府财政大力支持的新建或改建的图书馆，一味地追求先进，无论是服务器的档次还是交换机的选型，无不向电信、银行部门看齐，根本不去考虑自身数据的拥有量和建设能力。事实上，无论是数据的交换量还是网络运行的安全要求，绝大多数图书馆的网络无法与电信等部门的相提并论。

3. 技术平台

网络技术和数字技术的发展，逐步改变了图书馆生存的环境。它们对图书馆信息化产生了极大的冲击。图书馆只有充分利用网络平台的技术优势，进行动态管理和科学决策，才能提高工作效率和社会效益。在设备的选择上，图书馆既不能贪大求全，脱离实际，也不能远离网络，闭门造车。图书馆要将恰当适中的配置和及时的维护更新结合起来，选择适合经济发展和自身固有特色的网络技术，搭建相应的技术平台，使各项业务处理与现代技术密切结合，只有这样才可以从根本上满足图书馆管理的需求。

之所以强调将恰当适中的配置和及时的维护更新结合起来，是因为某些图书馆在实践中对新购硬件的重视和对及时更新的漠视。一个本应性能良好的硬件常常因为不能得到及时的更新而逐渐被淘汰，最终造成更大的浪费。

（二）应用软件建设

1. 功能定位

我国的图书馆自动化应用软件经过多年的发展，已由实验开发阶段发展到集成化阶段，现今已进入集成化向网络化发展的阶段。传统的图书馆管理软件以采、编、流、检作为软件设计的基本模式，通过各模块之间的有机合作来体现图书馆读者服务的社会作用。随着时间的推移和技术的进步，这一模式越来越演化为信息化整体的一个局部。办公自动化、全文检索、数据库服务、网上读书、远程教学、在线交流、视频点播等需求，使得图书馆无论是服务方式还是角色定位，都越来越社会化和公众化。换言之，图书馆管理软件除了要保留并扩展原有的功能外，还要通过增强网络信息咨询和信息检索功能来体现图书馆信息化的社会价值。

2. 发展趋向

多层次、商品化将是我国图书馆软件发展的主要方向。在未来较长一段时间内，图书馆软件市场仍将具有以下特点。首先，由于商品化步伐的加快，图书馆应用软件在设计的成熟性、技术的先进性、性能的稳定性、版本更新速度、功能扩充能力以及售后服务质量等方面都在不断提高。其次，图书馆对软件需求的层次将逐步拉开，中小型图书馆与大型图书馆的需求差异明显。一方面，图书馆信息化在中小图书馆中远未得到充分发展，这些图书馆对性能价格比的关注将推进小型图书馆软件的进一步发展；另一方面，大型图书馆管理软件开发商对软件质量、软件升级和售后服务的重视，使得图书馆能够放心消费，因此，图书馆软件向著名品牌集中的趋势也将越发明显。

3. 技术定位

在国外，关于图书馆应用软件的介绍与比较研究专业杂志上发文颇多，有不少观点我们是可以借鉴的。融合多种先进技术是使我国图书馆信息化走向世界的重要策略。在技术定位上，图书馆不能只重视软件本身的技术特征，而忽视软件的技术水平，应特别强调技术的先进性。技术先进性要求图书馆侧重于在信息系统中融入先进的管理技术和管理理念，通过信息系统的这种先进性带来管理水平的进步和社会效益的提高，从而满足读者的需求。在软件的选择上，图书馆既需要有合适的硬件平台，又需要有完备的数据环境，绝不能孤立地配置，过去我国图书馆在这方面的教训是很深刻的，值得我们充分重视。

（三）资源建设

资源是图书馆信息化的物质源泉，但也是最容易被热衷于网络硬件建设的图书馆所忽略。传统图书馆的社会地位，主要由其馆藏规模和独立向读者提供服务的能力所决定。因此，建立系统而完整的馆藏文献资源体系，是一个图书馆的核心任务。而今后评价图书馆工作水平的标准将是其组织社会各类信息的能力，资源建设的重要性不言而喻。

从图书馆信息化的历程来看，将硬件、软件、资源三个方面作为一个有机整体来全面规划和安排是有诸多好处的。三者中，硬件一般是受重视的，但图书馆又常常会忽略其必要的更新，也易忽视它和软件的恰当匹配。资源是容易被忽略的，其常常在规划和建设时没有被放到应有的重要位置，甚至没有被认真考虑，特别是在网络环境下，图书馆的信息资源建设不易被正确理解。

1. 现实状况

我国图书馆整体发展的不平衡，加上管理体制条块分割，导致馆与馆之间文献资源分布不合理，且自成体系、重复收藏，未能形成有效的资源配置机制，这直接影响了文献资源的科学建设和有效利用。为此，立足文献资源宏观建设，建立一个各门学科、各种载体有机结合的文献资源保障体系，发挥整体效能，是我国图书馆界的当务之急。

2.发展趋向

在文献信息资源日益丰富的今天，海量信息、海量存储、数字图书馆等各类名词搞得人眼花缭乱，但图书馆所收藏和加工的传统文献信息成倍增长也是不争的事实。从共建共享的角度看，图书馆是国家信息化建设的重要组成部分，其有能力也有义务成为社会各类文献信息资源整合的中心。

3.资源建设要求

① 适应性。适应性指图书馆信息资源的建设同国民经济的发展水平相适应，同社会的信息需求相适应。既满足社会绝大多数读者的信息需求，又符合经济适用的原则。

② 特色化与协调性。特色化即专业化，它是对单个图书馆入藏文献的有意限制。各个图书馆依据自己的实际情况，结合本地区读者需求特点，在统筹规划下，有选择地在学科重点、文献类型等方面形成自身的馆藏特色。各个图书馆应通过全社会范围内的资源共享，共同建立完善的资源保障体系。

③ 整体性。杂乱无章、重复堆积的信息并不能形成信息资源。优化馆藏文献结构，丰富入藏文献载体，科学调整文献入藏比例，对传统文献资源、网络信息资源进行科学整合，是资源建设的主要任务。

④ 文化传承性。在当前信息技术快速发展的前提下，图书馆作为保存人类文化遗产、传承人类文明的重要场所的作用将越发突显。文化传承性将赋予图书馆永恒的生命力。

四、图书馆信息化的意义

图书馆信息化是社会信息化的要求，社会信息化中的信息资源相当重要的部分来自图书馆。因此，图书馆信息化是社会信息化的组成部分，图书馆信息化是传统图书馆转变为现代图书馆的一个过程。图书馆作为文献信息资源的集散地，拥有丰富的信息资源是其最大的优势。随着信息技术的快速发展和社会信息化进程的加快，图书馆的信息化应当在信息技术的应用、信息资源的建设等方面拥有自己的地位和作用。

图书馆信息化的基本要求可以从信息基础结构建设、信息资源建设、信息服务系统建设几方面来探讨。图书馆信息化的重点应该是信息资源的开发利用和信息技术在图书馆的应用。社会信息系统必须具有基础结构、资源和服务系统。图书馆信息化应当是在社会信息化的基础上，实现自身的信息化建设。图书馆信息化不同于一般信息化的特点：高度依赖社会信息化；广泛采用现代信息技术；图书馆业务管理自动化；信息服务网络化；信息资源数字化；信息资源产业化。在现代化信息技术条件下，图书馆信息系统的建设在数字化资源、网络条件、信息服务等方面进行系统筹划就显得尤为重要。因此，只有进一步优化和深层次开发图书馆信息资源，使其实现数字化，才能满足社会信息化的需要。

五、图书馆信息化的发展历程

国内外许多图书馆和文献信息学的专家认为，发达国家的图书馆信息化主要有三个发展阶段。第一阶段可称为图书馆信息化发展的初级阶段，即图书馆自动化管理集成系统阶段，大约从 20 世纪 60 年代末 70 年代初开始，以美国国会图书馆正式发行机读目录为标志，图书馆正式步入了自动化阶段。第二阶段即过渡阶段，图书馆用户在网上访问图书馆，20 世纪 70 年代出现的大型文献信息中心充分发挥了作用。特别是 20 世纪 90 年代互联网的迅猛发展，将图书馆网上的电子文献信息服务推向了全球性服务的新阶段。第三阶段是图书馆信息化发展的高级阶段，也称为数字化图书馆阶段。数字化图书馆的出现，使得专家、学者、图书馆工作人员可以在电子世界中漫游，在本地图书馆和虚拟图书馆中都能够找到自己所需的文献信息资源，实现信息共享。

在我国，图书馆信息化发展的历程可大致分为以下三个阶段。

（一）图书馆自动化管理集成系统发展阶段

图书馆自动化从图书馆内部业务管理起步，围绕图书馆的业务流程——采、分、编、典、流展开，是模仿手工流程进行内部业务处理的，是传统图书馆业务流程的自动化。20 世纪 80 年代初，国内部分图书情报单位开始进行图书馆自动化软件的开发和试用。

计算机技术在图书馆中的应用，极大地促进了文献信息的加工整理和传播利用，使图书馆以更快的速度向现代化、信息化方向发展。图书馆自动化管理系统经历了实验系统向实用系统发展、单机多用户系统向微机局域网系统发展、封闭式的局域系统向开放式的互联网系统发展的转变，实现了面向用户的文献信息服务自动化。

1. 图书馆自动化管理系统的开发与引进

20 世纪 80 年代中后期，随着计算机技术的发展和普及，特别是汉字信息处理技术的不断成熟，图书馆计算机的应用在全国范围内开展起来。图书馆自动化管理系统也开始进入实际应用阶段，我国自行研发的软件经过不断完善，有的已经逐步实现了商品化。

（1）国内图书馆管理软件的研发与推广

国内自行研发的诸多图书馆管理软件中，最具有代表性的是"图书馆自动化集成系统"（ILAS）。ILAS 是由文化部（现为文化和旅游部）于 1988 年作为重点科研课题下达，由深圳市图书馆承担并组织部分省级图书馆的技术人员参加，共同研制和开发出来的一套能适应国内外不同层次、多种规模、各种类型图书馆使用需求的自动化集成软件系统。ILAS 发展到今天，已成为目前国内规模最大、用户最多、应用面最广、联网性能最佳的图书馆自动化管理集成系统。ILAS 的成功，有力地推动了我国图书馆自动化事业的发展，初步探索出了一条适合我国国情的研制开发并推广应用图书馆自动化系统的路子。

（2）引进国外研制的图书馆管理软件

在我国图书馆自动化发展的早期，曾有个别图书馆引进了国外研制的图书馆管理软件。进入 20 世纪 90 年代后期，随着计算机软硬件技术的发展，一些大型图书馆又先后引进了国外较为先进的图书馆管理软件，如上海图书馆引进的 HORIZON 系统、北京大学图书馆引进的 SIRSI 系统，以及北京师范大学图书馆引进的 ALEPH 系统等，这些系统为国内软件的研发提供了技术借鉴，为我国图书馆管理软件的发展起到了积极的推动作用。

2. 标准化工作

行业标准化对一个行业的稳定健康发展至关重要，图书馆对其标准化工作也极度重视。我国图书馆界在广泛使用《中国图书馆分类法》《文献主题标引规则》的同时，也十分重视图书馆自动化过程中的标准制定与推广工作，近几年完成了几项比较重要的工作。

为了便于国内外图书情报部门之间以标准的计算机可读形式交换书目信息，文化部于 1996 年 2 月 6 日发布了《中国机读目录格式》，同时还组织专家编写并正式出版了《中国机读目录格式使用手册》。《中国机读目录格式》的使用与推广，大大推进了中国编目数据的标准化、规范化。

相关部门组织有关专家进行《中国机读规范格式》的编写工作，主要为了使中国国家书目机构与其他国家书目机构之间及国内图书馆情报部门之间能以标准的计算机可读形式交换规范的数据信息。2002 年 9 月已完成了《中国机读规范格式》的技术审定。该标准在我国图书馆的全面推广和实施，为建立和维护中文图书规范数据库系统，以及实现书目规范控制和我国规范数据的共享奠定了基础。

1995 年，"中文图书规范数据库建设"课题组成立，其建立了规范数据库和中文书目主题规范数据库以供国内外图书馆使用。这为中文图书编目实现规范控制和规范数据的交换提供了技术条件和物质基础。

此外，全国信息与文献标准化技术委员会也制定了一些有关图书馆自动化和文献信息处理的标准。

（二）图书馆网络化发展与资源共享阶段

图书馆自动化是图书馆网络化的前提，没有图书馆的自动化，就谈不上图书馆的网络化。但仅仅具有个性化特征，局限于特定化服务的图书馆自动化是不够的，难以满足当今用户的信息需求。计算机技术和网络技术的发展以及我国骨干通信网的建设，为图书馆自动化系统向网络化发展提供了良好的契机。美国学者贝克在《资源共享的未来》一书中写道："今天的图书馆正生存在一个相互依赖的时代。进一步讲，每一个图书馆都必须将自己视为世界图书馆体系的一部分，必须摆脱自给自足的状态，必须找到快速地从世界图书馆体系中获取资料并送到自己用户手中的方式，必须随时准备将自己所收藏的资料提供给世界各地的其他图书馆。"

1. 电子阅览室的建立

计算机网络化的发展使图书馆文献信息的存储与使用发生了很大的变化，传统图书馆的服务方式和手段已不能满足读者的需求，为了向读者快速、高效地提供信息服务，有条件的图书馆陆续建立了电子阅览室或多媒体阅览室。随着互联网技术的广泛应用，各级各类图书馆纷纷加强信息网络的建设，读者在电子阅览室就可以方便地连接互联网，并快捷地获取更多的知识信息。很多大中型图书馆在建成的馆域网的基础上，不仅实现了与互联网的连接，还建有自己的网页或网站，一方面可以浏览本馆以外的有关信息，另一方面还可以把本馆的知识信息送到网上，为更多的读者服务，最大限度地实现全国乃至全球范围的信息资源共享。

2. 图书馆联合编目

图书馆联合编目主要指不同的图书馆之间、图书馆与出版发行商之间相互协作，共同对出版的文献进行编目。联合编目不仅可以节省大量人力、物力和财力，实现资源共享，更重要的是能够推动编目的标准化和规范化，同时也便于与国际接轨，实现全球中文书目的资源共享。

1997 年，全国图书馆联合编目中心成立，其宗旨是在全国范围内组织与管理图书馆联合编目工作，实现网上编目资源共建共享。

地方版文献联合采购协作网于 2000 年 6 月由福建省图书馆、上海图书馆、天津图书馆、辽宁省图书馆、湖南图书馆、深圳图书馆共同筹建，网络中心设在深圳图书馆，其宗旨是积极有效地开展地方版文献采购协作工作和跨地区联合编目工作。该协作网于 2000 年 12 月正式开通，实施 24 小时上传下载、48 小时联合编目登记制度。

1993 年深圳图书馆组建了深圳图书馆采编中心，对所有成员馆的图书文献进行统一采购、统一编目、统一加工，集中建立本地区中文书目数据库和中文图书联合目录，为地区文献资源、数据资源共享，推动整个地区图书馆自动化进程，进行地区网络化建设奠定了物质基础。此外，高校系统、中科院系统等也不同程度地开展了联合编目工作。

3. 文献信息资源共建

计算机网络技术的飞速发展，使文献信息的传播和利用更加广泛、便利、快捷。各级各类图书馆纷纷加强信息网络建设和文献资源数字化建设，这些都为图书馆文献信息资源的共建共享创造了条件。1999 年初，全国范围的文献信息资源的共建共享工作协调委员会成立，各系统图书馆也加强了彼此间的合作，各地积极开展了文献信息资源的共建共享工作。中国国家图书馆与中国科学院、北京大学、清华大学、中共中央党校等单位建立了文献资源共建共享协作关系。此外，教育部和部分省市在这方面都有一些较大的举措。

（1）中国高等教育文献保障系统

1999 年教育部开始建设中国高等教育文献保障系统（CALIS），即借助现代化的技术手段，建设在广域网环境下的整体化、自动化、网络化、数字化的现代文献信息保障体系。其建设的主要任务是通过文献信息服务网络和文献信息资源的建设，初步实现系统的公共检索、馆际互借、文献传递、协调采购、联机合作编目等功能。其建设的基本内容包括文献信息服务网络的建设、文献信息资源的建设，初步建立适合我国高等教育的文献信息保障体系的管理体制和运行机制。2001 年 7 月，中国高等教育文献保障系统中的公共服务体系通过了验收。

中国高等教育文献保障系统是中国高等教育公共服务体系的建设项目之一。它是一个广域网络环境下的文献信息共享服务系统，采用集中和分布相结合的模式，并以地区型的资源共享为基础，形成三级结构。第一级为中国高等教育文献保障系统管理中心和四个全国性学科文献信息中心。管理中心设在北京大学，四个全国性学科文献信息中心分别负责文理、工程、农学、医学四大学科。文理中心设在北京大学图书馆，工程中心设在清华大学图书馆，农学中心设在中国农业大学图书馆，医学中心设在北京医科大学图书馆。第二级为地区性文献信息中心，共七个，分别是上海市教育委员会信息中心、南京大学、武汉大学、中山大学、四川大学、西安交通大学、吉林大学。第三级为其他高校的图书馆。中国高等教育文献保障系统的运行机制是国家财政专款支持，主管部门和学校投入配套资金，在网络上提供有偿服务，建立了自我维持、持续发展的运行机制。

（2）国家科技文献资源网络服务系统

2000年在科技部的组织下，全国八个科技图书情报部门组成了国家科技图书文献中心，并建立了国家科技文献资源网络服务系统。该系统是一个共建共享的网络化科技信息服务系统，是国家科技图书文献中心对外服务的一个重要窗口。其目标为遵循集中建库、集中检索、分布服务的原则，通过互联网使所有用户都可免费查询该系统提供的二次文献检索服务。注册用户还可方便地要求系统以电子邮件、传真、邮寄等方式提供自身所需的一次文献。该系统提供24小时文献检索服务，为全国的科研开发活动提供了充足的文献基础保证。

（3）全国医学图书馆资源共享网络

1991年全国医学图书馆资源共享网络项目启动，共有30多个中心馆，它们大部分有自己的网站，构成三级医学文献资源共享网络。经过多年的努力，该项目已经取得了很大的发展，在国内各类图书馆中形成了自己的特色，并可快速、全方位地提供全国医学文献资源服务。

（三）数字图书馆的研究与建设阶段

目前，世界范围内正在掀起数字图书馆建设的高潮。数字图书馆已成为国际高科技竞争中新的制高点，成为评价一个国家信息基础设施水平的重要标志。数字图书馆是信息化社会的重要组成部分，是未来图书馆的发展方向。我国数字图书馆的建设将会扭转互联网上中文信息匮乏的状况，为知识传播提供一种崭新的手段，同时也将根本改变传统图书馆的工作方式和服务模式，极大地提高我国图书馆事业的整体实力，在社会信息化的进程中发挥重要作用。

建设数字图书馆，是科教兴国、发展知识经济的必然选择。我国自20世纪90年代中期开始，密切跟踪国际上数字图书馆的发展动态，并着手进行了技术研发。中国实验型数字图书馆于2001年5月通过了专家鉴定，技术鉴定委员会认为，该项目成果当时处于国内领先水平，达到了国际同类的水平。这是我国图书馆界应用信息技术改变传统办馆模式的一次有益的尝试，为我国下一步进行大规模的工程建设准备了基础性的、重要的技术支撑条件，对推动图书馆事业的现代化发展意义重大。中国数字图书馆工程项目于1999年启动，主要示范单位包括中共中央党校图书馆等，技术参与单位包括中国科学院计算所、北京交通大学、北京地网在线科技有限公司等。工程建设的目标是以国家科技部支持的国家高性能环境为平台，研究数字图书馆关键技术，并以各级图书馆、博物馆、出版社及其用户为应用服务对象，最终开发研制一套数字图书馆示范应用系统。

在科技研究成果的推动下，我国的数字图书馆工程建设正式启动。中国数字图书馆工程的总体目标是在宽带网上形成超大规模的、高质量的中文资源库群，支持国家整体创新体系的形成与发展，通过国家骨干通信网络系统向全国乃至全球提供服务。目前中国数字图书馆工程进展顺利，已经实现与国家骨干通信网的多网互联，建立了通畅的信息传输通道，组织了数字图书馆相关技术的研发，完成了多项国家课题，并开展了数字资源建设等多项工作。

第三节　图书馆信息化发展趋势

随着现代计算机通信、多媒体技术的高速发展，图书馆将面临巨大的挑战。以印刷型书刊资料为主要收藏对象的传统图书馆，将难以适应数字时代的要求。信息载体的数字化和信息传播的网络化，推动着图书馆管理与服务方式的变革，加快了图书馆信息化的进程。图书馆信息化将走向何方？这是业界学者探讨较多的问题，也是我们应该关注的问题。

在信息社会，信息化建设是不变的主题。鉴于图书馆在人类迈向信息社会过程中所起的重要作用，世界各国都纷纷提出了数字图书馆建设计划。数字图书馆的建设与发展对各国来说都具有重大的现实意义，它是知识经济的重要载体，同时也是国家信息基础设施的重要组成部分，是未来图书馆发展的大方向，在图书馆信息化建设中起着举足轻重的作用。目前它已成为评价一个国家信息基础水平的重要标准和 21 世纪各国文化科技竞争的焦点之一。

对我国来说，数字图书馆的研究与开发起步较晚，因此，建设数字图书馆更加具有必要性和紧迫性。首先，数字图书馆将改变以往信息存储、加工、管理、使用的传统方式，借助网络环境和高性能计算机等实现信息资源的有效利用和共享。其次，数字图书馆建设的核心是以中文信息为主的各种信息资源，数字图书馆的建设将迅速扭转互联网上中文信息匮乏的状况，形成中华文化在互联网上的整体优势。再次，数字图书馆可以最大限度地突破时空限制，营造出全民进行终身教育的良好环境，对我国"科教兴国"战略的贯彻实施和国民素质水平的提升将起到巨大的作用。最后，数字图书馆将改变目前图书馆的工作方式和服务模式，可以更好地履行图书馆在倡导、组织和服务全民读书中的重要职能。图书馆馆员将成为捕捉和整理信息的专家。数字图书馆为知识传播提供了一种按数字图书馆要求组织起来的资源，通过智能检索系统，不仅可以实现按知识体系进行检索，还可以实现跨库多媒体检索，使用户在任何地点、任何时间，只要进入数字图书馆系统，就可以便捷地获取所需要的信息，从而极大地提高图书馆在信息社会中的地位。数字图书馆的诞生和发展是信息时代发展的必然结果，对世界上每一个国家来说都是挑战。抓住数字图书馆建设就是抓住了国家信息资源建设的核心，就是抓住了应对未来发展和挑战的关键环节，投资数字图书馆就是"投资未来"。因此，当前世界发达国家无不以国家政策主导数字图书馆建设，以公共资金启动数字图书馆建设。可以毫不夸张地说，发达国家数字图书馆的建设，已经展示出人类文化史上的又一次空前的"媒介转移"。

目前建设数字图书馆的实践表明，建设数字图书馆是一项浩大的社会工程，需要社会各界的支持与参与，我们还有很多工作要做，实现图书馆信息化还有很长一段路要走。在这一过程中，图书馆数字化资源建设、图书馆信息资源共建共享、图书馆专业人才培养以及图书馆信息化建设的规范化等方面还需我们着力研究。

一、图书馆数字化资源建设

随着计算机与网络的普及，数字技术正在改变人类赖以生存的社会环境，并使人类的生活和工作环境具备了更多的数字化特征，社会的信息化程度日益提高。鉴于图书馆在人类发展过程中所起的重要作用，图书馆的信息化发展在各国的国家信息化发展计划中占据着重要地位，其中图书馆信息的数字化受到了格外的重视。

近些年来，西方发达国家在信息技术领域连续出现了两次巨大的跨越性发展，即信息手段革命与信息内容革命。正是这两次跨越性的发展，引发了全球性的数字图书馆建设浪潮。信息手段革命指的是由数字技术引发的信息传输手段的革命性汇流。信息手段的革命使经济全球化趋势更加势不可当。数字技术和通信网络技术的发展使所有人都能利用先进的科技成果，并使各种文化的交流逐步建立在快速、直接与个人交流的基础上。即便信息手段的革命改变了整个世界的面貌，但实质上，信息手段革命的真实意义还在于"内容"——数字信息资源的建设。使通信业、传媒业、信息业融合为一体的数字技术，在拆除了各种传媒之间的传统壁垒，使之成为统一载体的同时，也极大地刺激了其对

"信息内容"的需求，引发了"内容产业"大规模的媒介转移与资源整合浪潮，信息内容革命由此产生。欧洲一些学者将此称为"信息社会的第二发展阶段"，这个阶段是"以内容为主代替以网络为主"的阶段。信息内容革命在世界范围内的出现，引发了世界性的、面向数字时代的文化媒介迁移运动。发达国家竞相将本国文化遗产大规模转换成数字形态，以为未来的"内容"市场竞争奠定新的基础。作为迄今为止数字信息资源的主要的和有效的组织形式，数字图书馆成为其中最引人注目的基础性项目。

数字图书馆成为"信息内容革命"时代的标志性项目，具有其内在的必然性。应当指出，图书馆与人类学习、利用、收集、发现知识的形式和技术手段的发展密切相连，在造纸术和印刷术的基础上，有了以印刷型文字处理为主的传统图书馆。当新的技术手段，即数字技术手段出现之后，传统图书馆自然成为向数字图书馆迈进的出发点。传统图书馆历来承担着保存和传播人类知识的任务。因此，信息内容革命必须以文化遗产的数字化为中心环节，而文化遗产的数字化必须从传统图书馆做起。

以传统图书馆馆藏内容数字化为中心的文化内容媒介转移，是将传统文化资源开发成经济资源的必要步骤，实质上是为空前规模的产业整合准备条件，具有巨大的经济意义。在这个方面，美国再一次走在了世界的最前列。美国的文化遗产很少，却率先将"内容产业"纳入商业和产业化轨道，通过"北美产业分类体系"的建立，美国已经向世人宣布了他们将可商品化的信息内容（特别是文化内容）作为信息产业的主体。我们由此看到，文化遗产作为新经济资源的意义重大，各国文化遗产已经暴露在国际文化传媒巨头的掠夺与竞争范围之内。文化遗产数字化的意义决不限于经济领域，如同现代信息技术的发展使科学家能够描绘出人类的"生物基因图谱"一样，现代信息技术的发展也使现代文化和人类学家能够描绘出一个民族的"文化基因图谱"。在经济全球化浪潮面前，一个国家的"经济安全"问题，已经转化为"文化安全"问题。目前，互联网上的信息资源很多是英文的，如何提高网上中文信息的占有量，争夺网络发展空间，已成为一个不容延误的战略问题。因此，不论立足于国内还是国际，我国中文信息资源的数字化回溯建设都是极其重要的。

与此同时，数字化资源建设对我国经济有着巨大的拉动作用，主要体现在数字化资源的建设将促进我国软件产业的发展，在信息收集，中文多媒体信息的压缩、存储、还原，数据整理加工，数据提取等方面，中文软件产业有巨大的市场发展潜力。同时利用数字化资源可节约成本，有利于提高市场竞争能力，促进如企业、社会保障部门、公共事业部门等的应用软件的发展。数字化资源建设还可促进信息服务业的快速发展，促进信息深加工、信息服务、信息产品制造等行业的发展，满足文化市场的需要，促进信息产业产品的开发利用，特别对网络接入产业具有有力的推进作用，如在促进互动电视产业发展方面，网络终端具有重要作用。

目前，图书馆的数字化资源建设主要包括馆藏文献资源数字化、购买数字化产品和网上文献资源馆藏化三个方面。馆藏文献资源数字化是将馆藏的文献资源包括印刷型文献、缩微型文献、视听型文献，以及电子出版物等以数字化形式发布到网上，成为网上信息资源的一部分，并利用馆藏和网上资源建立各种数据库以及媒体资源库。购买的数字化产品就包括电子期刊、电子图书和数据库。网上文献资源馆藏化则是采取虚拟图书馆技术，图书馆馆员利用自身的专业优势，在充分了解网上资源分布状况和熟练掌握获取网络信息方法的基础上，搜寻、分辨和筛选网上信息，为读者进行网络信息导航，使读者像利用本馆馆藏一样方便地利用网上信息资源。

目前，在我国信息化建设中，硬件设施（如光纤、网络等）和技术与国际上的差距并不是很大，而唯独在最重要的"内容"方面，我们与国外有一定的差距。今天我们讲的"数字鸿沟"，已经不再是信息技术和网络硬件上的差距，而是信息资源和数字化内容的严重不平衡。因而，数字资源建设势必成为我国信息化建设的方向和核心。

二、图书馆信息资源共建共享

数字图书馆不是孤立存在的，它必须与外界联系，只有与其他的数字图书馆和系统有信息交换才能成为真正的数字图书馆，它的信息资源不是孤立的。从宏观上看，一个数字图书馆的信息资源隶属于全球数字图书馆系统，是整个社会信息资源的一部分。因此，数字图书馆文献资源建设不仅是对本馆资源进行建设，更是对整个社会信息资源进行建设，它必须与其他部分的资源建设保持一致。我国数字图书馆的建设必须强调国家的宏观调控，进行统一的规划与协调，以打破部门和地区的分割，有计划地开展数字图书馆的建设工作。

文献资源建设必须坚持共建共享的原则。每个数字图书馆不可能拥有世界上所有的信息资源，只有通过协作发展、互相补充、互相利用、互相推动才能建立起一个良好的文献资源保障体系，提供高效的网上信息服务，以充分发挥数字图书馆的优势。每个数字图书馆都必须根据整个社会信息资源共建共享的计划来进行自己信息资源的建设，并与其他的数字图书馆分工合作，从网络的整体上进行资源的合理配置，把自身的信息资源建设纳入整个地区、国家和全球的信息网络体系建设中。因此，建设数字图书馆必须走联合的道路，不联合就谈不上数字图书馆。

防止重复建设是信息资源建设过程中的一个重要问题。在数字图书馆建设中，人们要充分利用国家已有的网络资源和数字化信息资源。实现信息资源共建共享是防止资源浪费和重复建设的一个非常有效的手段。

三、图书馆专业人才培养

信息化环境下的图书馆变革，要求图书馆馆员的角色也要随之变化。除了传统的文献收集、整理与提供服务外，在网上资源越来越庞杂的情况下，图书馆馆员应发挥自身的优势，扮演信息工程师或顾问的角色。图书馆馆员还要承担教育和培训读者的任务，起到网络资源导航员的作用。可见，现阶段对图书馆馆员的素质要求越来越高，而且对其要求也更趋向于发挥整体的作用。

总而言之，只有建设一支思想素质、信息意识和技术能力都过硬的专业队伍，才能适应新时期图书馆建设的需要，这也是信息时代图书馆发展的趋势之一。

四、图书馆信息化建设的规范化

图书馆信息化是整个社会信息化中的一环，其中图书馆信息化建设的规范化问题非常值得重视。信息化建设规范与否是信息化建设能否正常进行的关键因素。

（一）图书馆信息化评估体系的建立

在图书馆信息化发展的早期，对图书馆信息化水平的评估主要是对传统业务流程是否实现自动化进行审核。进入 20 世纪 90 年代，随着信息技术的发展，一个仅仅能提供公共目录查询和图书馆业务管理的图书馆自动化系统已不能适应技术与时代的发展。

信息技术的飞速发展使图书馆信息化的内涵也丰富起来。20 世纪 90 年代以后图书馆信息化的发展包括：网络互联能力，图书馆信息化系统要能支持国际主要的网络通信协议；网络服务能力，图书馆信息化系统要能够支持网络信息检索协议；在多种开放标准的软硬件平台上运行的能力；支持图形化用户界面的能力；支持其他类型数据库的能力；支持多语种环境的能力等。针对目前我国图书馆信息化发展的实际情况，图书馆信息化评估体系的建立刻不容缓。

图书馆信息化评估涉及图书馆业务、管理、设备等多方面的内容，需要制定一套评估的标准体系，使图书馆信息化发展有方向、有目标，逐步走向规范化，以方便全球范围内的用户使用。它的建立有利于客观评价我国图书馆信息化的现有水平，还能对我国图书馆信息化建设起到导向作用。

（二）图书馆信息化要有相应的法律法规作为保证

图书馆信息化在大的方面要遵守国家信息化发展的总政策。相关部门可以根据图书馆行业的具体特点制定相应的法律法规，以保证图书馆信息化工作能够顺利开展。这些政策可包括信息化建设资金投入、民间参与政策、市场拓展等方面。

（三）标准与法规的制定和实施

在进行数字图书馆研究和建设数字资源库的过程中，我们应借鉴发达国家数字图书馆建设的经验教训，尽早制定统一的适合我国数字图书馆建设的资源描述、标识、查询、交换和使用的标准规范及法规；尽量使用国际标准，对那些不是按标准格式进行组织的资源库，也必须考虑数字项的充分描述，并要有灵活的接口，以保证日后对数据的转换与衔接；同时在资源库的加工过程中要考虑对版权问题的处理，以做到充分尊重知识、尊重智慧，使我国数字图书馆在建设伊始，便走标准化、规范化、法治化管理的发展道路。

第四节　图书馆的信息化管理

一、图书馆网上业务

图书馆网上业务是随着信息技术的发展而不断发生变化的。本书就现在图书馆比较常见的网上业务进行介绍。

（一）图书馆传统业务的网络化

1. 图书在线采访

图书馆可以通过互联网直接进入出版社或新华书店的网站进行网上采购，实现各种信息资源的网上交流。这样不仅可以提高采访的工作效率，为图书馆节省大量的时间和精力，优化图书采访、编目的流程，缩短由采编到图书流通的周期，还为出版社节省了大量的宣传费用。

网上书店是经营者将国内外的出版信息通过互联网汇到一起，供人们浏览、查阅的地方。采访人员通过搜索引擎查看有关网上书店的网址，认真地比较，从中选出提供书目最全、价格最低、服务最好的书店来进行图书采购。目前网上书店提供分类书目和主题书目两种主要检索手段，通常都有新书目、畅销书目、推荐书目等栏目，采访人员可通过这两种检索方式，查看自己所需的图书。一般来说，每种图书都附有作者、译者、出版社、页数、价格、内容简介等，采访人员可以从多个角度进行比较，选购本馆所需要的图书。

2. 在线编目

编目人员可以通过互联网，在网络工作站上输入检索词或检索式，对网络数据库进行检索，如果检索到待编资料的编目记录，编目人员对书目数据进行操作。一般都采用机器可读目录（MARC）格式著录书目数据，利用 MARC 格式可实现数据共享且非常方便。编目人员通过互联网可以从网上的一些大型书目数据库中套录编目的数据，只需交所套录数据的费用。目前大部分的图书馆自动化系统都支持 Z39.50 开放系统互联的信息检索标准，这样编目人员就可以从不同的数据源中套录或回溯 MARC 记录。目前国内还出现了一些编目中心，这些编目中心一般都积累了数十万乃至数百万回溯编目数据，并不断地积累新书书目数据。图书馆可以利用编目中心现成的编目数据，而不必自行编制 MARC 数据。

3. 流通业务

图书传统的流通方式只是面对面地借阅，在网络环境下读者不但可以进行面对面的借阅，还可利用网络办理借阅手续，如预约借书、办理借还手续等。图书馆可以利用网络与其他图书馆进行合作，实现远程获取和馆际互借。

4. 提供馆藏书目查询服务

高校图书馆可让校园网的用户进入该校图书馆的自动化集成数据系统，利用其提供的图书、期刊书目管理查询服务，检索自身所需的图书、期刊的索书号及其他的馆藏信息。而万维网公共书目查询，是联机书目查询新的发展。图书馆把图书馆自动化系统的书目查询系统挂在自己的网站上，这样用户可以不到图书馆而了解图书馆的馆藏情况。联机书目检索服务是网络图书馆信息检索服务的重要组成部分。通过联机书目检索，用户可以从联网的任何一台计算机上以快捷、方便的手段检索图书馆的馆藏目录。

（二）图书馆在网络环境下的新业务

1. 网络导航

网络导航的目的是使上网者可从一个网站直接转接到互联网的各个角落。

网络导航器和引擎，可引导读者快速找到关于某一专题的网址或数据的集合，了解某一网站信息资源的分布等。信息导航库在网络中处于核心地位，它的建设是突破传统信息资源建设的一项关键技术，也是对网上信息服务模式的一种探索。信息导航库指图书馆应用计算机技术、网络技术，特别是超文本技术，对网上的信息资源进行采集、筛选，然后利用适合的分类法和主题词表，将采集来的数据进行有序的组织，并进行分类和主题标引，最后生成数据库，供用户查询，从而使广大专业人员能及时获取国内外相关领域的最新信息，提高查询质量。

2. 数据库检索

图书馆利用本地信息资源，开发建设有地方特色的，以及权威性、使用性、可靠性强的数据库，在网上向人们提供以科技信息为主体，包括政治、经济、文化、教育、市场、人文等方面内容的信息资源。同时，图书馆还可将图书采访、编目、流通和书目查询、查新等传统业务网络化，组建具有标准格式的数据库，以便为网络用户提供信息咨询服务、检索服务、情报调研和技术服务等。

图书馆可把光盘网络服务器与光盘存储设备（如磁盘阵列）相连，将其挂在网上，为网上用户提供服务。用户可以方便地进入图书馆的磁盘阵列数据库系统，查找所需要的文献信息。

图书馆还可以提供"异构统一检索平台"，用户利用此平台对不同结构的数据库的检索数据进行规范化处理。用户还可以在统一检索平台上，用统一的检索方法同时对图书馆所有数据库进行检索。

3. 在线参考咨询

在线参考咨询服务是图书馆为适应网络环境而设立的一种新的参考咨询服务形式，也称为虚拟参考咨询服务、网络参考咨询服务、数字参考咨询服务、电子参考咨询服务。它借鉴了电子商务中在线客户服务的成熟经验，通过常见问题解答、电子邮件、在线聊天、共同浏览等形式满足读者的各种信息需求。

在线参考咨询目前有三种方式：① 常见问题解答，这是最基础的在线参考咨询服务。图书馆建立一个常见问题解答数据库，读者可以在寻找图书馆馆员帮助之前，首先参考该数据库的有关内容。② 以电子邮件方式提问和解答问题，这是最简单和最流行的在线参考咨询服务形式。通常的做法是在网页上设立"参考咨询""询问图书馆馆员"链接，读者可以通过链接将问题以电子邮件的方式发送给参考咨询馆员，参考咨询馆员则尽快以电子邮件方式回答问题。③ 实时在线参考咨询服务。读者通过点击网页上的按钮即时与图书馆馆员进行在线信息交流，在线聊天是实时在线参考咨询服务的最基础形式。提供实时在线参考咨询服务的图书馆一开始通常都使用简单的聊天软件，以网上聊天的方式接待读者咨询。实时在线参考咨询服务的更高级形式是共同浏览。利用功能强大的应用软件，参考咨询馆员可以在一定程度上控制读者的网络浏览器，与读者一同浏览网页。使用共同浏览技术，参考咨询馆员在自己的电脑上可以看到读者电脑上显示的网页，并可以通过远程控制在读者的电脑上进行检索操作，或者直接向读者推出其他网页。这样做可以更快地了解读者所面对的问题，并能很直观地告知读者解决的方法。

4. 提供网络论坛服务

有网络论坛（BBS）的图书馆网站还可通过 BBS 的专题讨论小组功能与读者建立联系或进行实时交谈。这样图书馆既可进行有关文献信息服务的广泛宣传，又可及时了解读者的需求。

二、图书馆网站建设

（一）图书馆网站的设计与制作

图书馆网站的建设是一项复杂的系统工程，既需要一个科学的态度，也需要一个科学的网站设计规划。

1. 确定目标

创建网站的目的决定了网站的总体设计方案，这是设计的根本原则。图书馆网站建设的目的在于提供学术和科研资源，如果不能实现这个目的，无论网站设计得有多漂亮也是没有用处的。图书馆在网站建设之初就应该在广泛深入地进行调查、研究、分析的基础上，按照网站的总体目标提出严谨、完整的需求，综合本馆的实力，同时结合本馆所具有的软、硬件基础设施条件，制订切实可行的实施方案，明确本馆建网站的目的、网站的规模、网站的主要读者群、运作网站的方式、网站的预算等。

2. 用户调研

要充分考虑用户的要求和需要，也就是考虑网站的定位和读者的需求。图书馆网站的建设应体现图书馆的发展战略，要根据本馆的发展方向进行。图书馆网站首先应体现图书馆较为浓厚的文化底蕴；不同地域的图书馆网站又有着自身的地方特色；不同规模、类型的图书馆网站有着各自的读者群。图书馆既有着古老传统的民族文化氛围，又有着现代文化的氛围，走入图书馆的网站就应感觉到其独有的文化特征。同时图书馆也可以从多个角度来审视自己的网站，如站在读者的角度来审视自己的网站，或站在同行的角度来观察自己的网站，必须清楚地了解本馆网站的受众群体的基本情况，如受教育程度、收入水平、所需信息的范围及深度等，掌握读者心理，做到有的放矢。

3.确定信息组织的原则与方法

（1）网站的结构层次要适中

组织信息的方法一般是把信息分为几个主题，在此基础上设计一个网站的系统图表，表明层次结构。大多数网站都是根据主题设计一种简单的层次结构，首先是网站主页，然后是主题区域，下面再引出相关的更多更具体的信息，通过这种层次结构，访问者才可以根据自己的意愿灵活地选择所需要的信息。

层次结构不能太多，要遵循"三次单击"的原则，即任何信息最多应该在三次单击后找到。如果网站的结构层次太多，就会使有价值的信息被埋在层层的链接之后，很少有访问者能耐心地找到它。当然，如果图书馆网站的规模比较大，那么它的结构层次一般不会太少，这种情况下，一方面要尽量压缩网站的层次结构，另一方面以提供网站结构的方式来帮助访问者尽快找到所需要的信息。网站设计时结构层次也不能太少，否则就显得组织混乱。

（2）网页的组织

一个好的网页必须遵循两条原则：一要包含足够的信息，二要有合适的长度。一个成功网站的主页应具备以下要素：网站名称、网站徽标、网页标题、内容、指向主页的链接、指向网站其他网页的链接、友情链接、联系方法等。

一个包含了上述几项基本要素的网页，可以说已能提供足够的信息，但这还不够，还要考虑浏览者的习惯，网页要有合适的长度。一般来说，如果网页太短的话，则无法容纳足够多的信息；太长的话，浏览者没有足够的耐心看完网页中所有的信息。因此，一般把网页长度限制在 2～3 页。

（二）图书馆网站内容建设

图书馆网站的内容建设主要包括网络资源建设和数据库建设。网站内容建设要考虑信息资料的受众面、论述深度、论证的客观性、对某一专题的网罗与覆盖等。

网站的内容永远是网站的生命线，一旦明确了网站的定位，那么对网站内容的选取则至关重要。漂亮的网页可以给读者一个良好的感性认识，但这种吸引力是短暂的，网站内容的充实、实用、时效才是网站的生命力所在，也是网站成功的基石。图书馆网站应扬己之长，避己之短，以本地域、本行业、本馆的馆藏特色为主，以方便不同读者的使用需求为目标，对原有图书馆的工作流程和内容，经过加工、整理、认证，再进行流程重组和技术革新，赋予自身新的内涵和使命。

针对本地域用户的信息需求提供特色信息应是图书馆网站内容建设的重要组成部分。如高校系统的图书馆，就应加强所在学校重点学科、教学科研成果及毕业生论文等数据库的建设。目前图书馆网站的数据库多为二次文献数据库，缺少全文数据库，无法满足读者对一次文献的需求，因此，各图书馆网站应加强全文数据库的建设，加大电子期刊、全文光盘数据库的引进力度，使读者能够在网站上直接获得全文数据。同时，高校图书馆还必须对网上资源进行开发，以此不断延伸自己的馆藏资源，节省书刊采购经费。信息资源的开发本身就是一种高层次的信息服务，网络环境下信息服务功能的拓展、信息服务的广度和深度在很大程度上是以信息资源开发为基础，以信息资源为根本保障的。高校图书馆要根据本馆特点及定位，努力收集、整理、开发、交流、传递信息，努力把自己建成一个具有收藏特色及服务特点的网上信息应用系统。

三、网上信息资源的利用

（一）网络信息资源检索的一般方法

1. 浏览

浏览万维网是一种典型的万维网搜索策略，一般这种网页有一个支持链接的结构。检索者会因为路径长度和检索需要而选择不同的链接。

2. 利用网络资源指南

网络资源指南与印刷型的索引或传统的图书馆目录相似，组织信息资源的方法是将信息资源按照某种事先确定的概念体系分门别类地逐层加以组织，用户先通过浏览的方式层层遍历，直至找到所需信息的线索，再通过信息线索获得相应的网络信息资源。以目录指南方式组织的网上二次信息一般是围绕某一主题，采用分类法、地序法、时序法、主题法等方式，将与该专题有关的网上一次信息的线索（一般是网址）和有关描述信息依次罗列，供用户选择。以目录指南方式组织的二次信息专题性较强，且能较好地满足族性检索的要求，用户按照规定的范围分类体系，逐级查看。由于确定一个完整系统的范畴体系有一定的难度，加之要保证目录结构的清晰性，每一类目下的条目也不宜过多，这就大大限制了网页所能容纳网络信息资源的数量。

3. 利用搜索引擎

这是较为常见、普遍采用的信息检索方式。用户可以利用搜索引擎进行关键词、词组或自然语言的检索，它一般支持布尔检索、字段检索等，但每个搜索引擎都有自己的特点，用户可以根据自己的喜好和需要来选择不同的搜索引擎进行检索。这种检索方法准确性不高。

（二）网络信息资源的开发与利用

1. 网络信息资源的开发

网络信息资源开发，指的是依托网络应用技术，将储存在网络媒体中的信息资源有序化，使之从不可得变为可得状态、可用状态，从低水平的使用状态变为高水平的使用状态。

（1）可得性开发

可得性开发包括建网与联网，以及网上信息资源从无到有、从有到优化的开发。网络信息资源的存储与利用活动都是基于网络设施而开展的，因此硬件设施成了网络信息资源开发的基础。各种计算机系统共存于一个网络之中，不同网络可以通过网络协议相互传输信息和数据，以实现共享网上资源。

（2）可用性开发

可用性开发主要包括免费信息资源深度与广度的挖掘、镜像资源的开发、收费信息资源的代理服务等。网上的信息服务形式主要包括用户入网服务和信息内容服务两种类型。信息内容服务又包括在线数据库服务、计算机硬软件信息服务、电子报刊服务、新闻信息服务等。

（3）高水平利用性开发

高水平利用性开发主要是对现有网上信息资源再加工，如重组、网络知识挖掘等。

2. 网络信息资源的利用

（1）增加馆藏资源

目前互联网上有几千种电子期刊，还有各种专利信息等，为人们提供信息资源的交流和共享服务。但是，一般读者不熟悉网络检索工具与检索技巧，通常只能获得表层信息。为了满足用户的深层次需求，图书馆工作人员对网络信息资源开发利用的重点，应该从提供参考性的信息线索向为用户提供具体内容层次的服务转变。图书馆可以利用各种方法对网上的信息进行组织加工，根据特定用户的需求，有计划地组织信息资源，并将其存储在自己的万维网服务器上，也可以通过对必要的专业信息资料进行学术性交换或有偿使用版权的方法，建立重要学术性刊物的全文数据库，建设具有本单位特色的虚拟馆藏，向本单位的网上用户提供特色信息服务。

（2）建立镜像信息站点

图书馆应组织和下载有关网络信息，建立本馆资源站点。各图书馆对于网上最重要的本单位常用的信息，要采用全部或部分拷贝的方式，将这些信息移植到自己的服务器上，供本馆用户使用。这种站点为镜像站点，它能够对信息进行更新及跟踪，保证拷贝过来的信息与原站点一致，这样没有账号的本馆用户也能获得相应的信息。

（3）建立专业性信息资源导航库

所谓导航库就是在所建立的数据库中并不存储各种实际的信息资源，但对其访问可以检索到相关的实际资源，即指引用户到特定的地址获得所需的信息。图书馆通过对互联网上各种信息进行搜集，对物理上分散的大量信息资源进行整理和重组，从逻辑上将国内外有关信息联系起来，建立专业性信息资源导航库。它一般由三部分组成：一套反映该专业国内信息资源的统一资源定位系统；一批原始信息，包括访问频度高的原始信息资源的镜像站点、自建的信息资源等；一套方便信息组织和用户查询的支持技术。

第五章 新形势下数字图书馆建设

作为国家信息化建设基础工程的数字图书馆是国家信息化的重要组成部分，是信息高速公路的重要信息资源。随着信息技术的长足进步和互联网的广泛应用，数字图书馆代表着 21 世纪图书馆的发展趋势，并作为 21 世纪社会的信息基础设施之一，受到包括图书馆界、信息技术界等方面的强烈关注。数字图书馆是在图书馆内部环境和社会环境变革的驱动下充分利用现代信息技术的产物。

虽然"数字图书馆"的概念不是图书馆界最早提出的，但通过对数字图书馆的目标、结构和功能等的仔细分析可以看出，数字图书馆是图书馆自动化和网络化的进一步发展和高级形态，体现了图书情报工作在新技术支持下的工作方式的变化和工作手段的完善。就其概念而言，数字图书馆具有广阔、丰富及深远的内涵。数字图书馆在不同的社会环境和技术环境下有着不同的内涵，是一个不断变化发展的概念。

本章为新形势下数字图书馆建设，包括数字图书馆概述、数字图书馆的功能、数字图书馆的体系结构以及数字图书馆建设原则与发展前景。

第一节 数字图书馆概述

一、数字图书馆的发展历史

人们最早使用数字图书馆这一概念是在 20 世纪 60 年代。当时，人们开始以全文存储的格式，对法律和科学文档进行索引。美国空军研制的通过电子设备提供法律资讯的（LITE）系统可以对所有法律文件进行索引。但是，这些早期的文本存储和检索技术都是针对特定文档和特定的格式的，因此不便普遍推广。20 世纪 70 年代出现了通用的基于计算机的信息存储、索引和检索程序。其中最著名的是国际商业机器公司（IBM）开发的存储系统和信息检索系统，原来它们是为大型机设计的，后来被数以百计的图书馆采用，用于图书馆管理。

随着计算机技术的广泛应用，图书馆管理本身也在计算机化，这就是图书馆信息管理系统。典型的图书馆信息管理系统具有采编管理、编目管理、流通典藏管理、期刊管理和公共检索的功能，能够对图书预定、验收，图书编目，图书借还、预约、续借，典藏分布，期刊订阅进行计算机管理，也逐步提供远程的书目检索。

图书馆是最早采用信息检索系统的场所之一，并在信息检索技术的支持下，建立了联机书目系统。早期的检索系统种类多，对存档资料进行检索的典型形式有两种：搜索远程的电子数据库和搜索图书馆内部的资料目录。

当时这两种系统是独立发展的，我们把第一种系统简称为数据库检索系统，后一种系统简称为联机公共目录检索系统（OPAC）。它们之间的主要区别在于三个方面：系统开发的起源、文件和数据库的内容、用户。

远程数据库检索系统是以科研项目支持的形式，由政府的实验室建设发展起来的，它基于书目数据库，主要包含文本信息，人们通过受过训练的中间人来查询信息。而 OPAC 是由图书馆开发的系统，它一般采用标准化的记录格式（如机读目录），包含主题信息，如书名、主题、分类号等。不像商业的远程数据库检索系统，它是为最终用户而设计的。由于考虑的重点不同，这两种系统在使用方式和特性等方面都有较大的不同。

然而，这些联机书目系统仍然有它们的限制，因为它们利用的仅仅是文本字符数据，而没有文档的图像。虽然文献资料主要包含的是文字，但是作为图书馆资料，其具有版面的"图像"，包括文字、图形和照片，从这个意义上来说，具有多媒体文档存储和检索能力是数字图书馆的一个特点。数字图书馆要利用多媒体信息技术，使文档资料以多媒体格式而不仅仅是以文字格式来存储和检索。

随着技术的进步，数字图书馆的概念也在变化。1991 年美国计算机学会（ACM）和美国国家科学基金会（NSF）联合支持的计算机科学文献的数字图书馆原型系统强调可用性（以用户为中心的设计）、高度结构化（如对象数据库）和高度集成性（建立对象之间的超文本链接）。

同年，美国化学会、康奈尔大学等其他组织共同支持了电子图书馆原型系统的建立。它保存的是化学方面的资料，每篇文摘包括扫描的图像和通用语言文档，提供全文形式的布尔检索。

1994 年，美国国会图书馆宣布国家数字图书馆（NDL）计划，利用现代信息技术，管理馆藏中的印刷和非印刷的资料。NDL 与其他组织合作，希望能够建立一个广泛地与其他图书馆资源相通的大系统，并作为国家信息技术设施整体中的一部分。

同时在 1994 年，NSF、美国航空航天局（NASA）和美国国防部高级研究计划局（DARPA）联合启动了数字图书馆语言计划支持六所大学的数字图书馆研究。在 1994—1999 年期间，投资超过 6800 万美元，目前正在进行的是第二阶段的计划。数字图书馆不断发展和变化，从数据库的利用和图书馆的电子化，发展到现在的无所不包的数字图书馆，其已经远远超越了传统图书馆的概念。

二、数字图书馆的定义

数字图书馆是由英文"digital library"翻译过来的。其中"digital"的含义是数字式或数字化的，指通过计算机可识别的"0"和"1"这两个数字的组合，表现万物的各种存在方式。对于数字图书馆这样一个正处于不断变化发展中的新生事物，追求一个科学完整而又公认的定义是不可能的。众多的研究者只能从不同的角度对数字图书馆进行描述。下面是一些有代表性的定义。

① 数字图书馆是经过处理的信息的集合，并提供相关的服务，其信息以数字形式存储，通过网络存取。

② 数字图书馆能使众多而又处在不同地理位置的用户方便地利用大量的、分散在不同存储处的电子物品的全部内容。这些电子物品包括网络化的文本、图形、地图、声频、视频、商品目录，以及企业和政府的数据集，此外，还包括超文本、超媒体等组成部分。

③ 数字图书馆是一种有着纸质图书馆外观和感受的图书馆，但在这里资料都已经被数字化并存储起来，而且其能在网络化的环境中被本地和远程用户存取。数字图书馆能通过复杂和一体化的自动控制系统为用户提供先进的、自动化的电子服务。

④ 数字图书馆是一种用多媒体技术制作的分布式信息系统。它是把不同载体、不同地理位置的信息资源利用数字技术存储，以供网络查询和传播的一个大型信息系统。

⑤ 数字图书馆是提供资源（包括专业人员）的组织，主要用于搜集、构建、存取、传递大量的数字化作品，并保证其时间上的持久性，从而使其可以被特定的群体方便而经济地加以利用。

⑥ 数字图书馆是建立在图书馆内部业务高度自动化的基础之上，不仅能使本地和远程用户联机存取其公共目录以查询传统图书馆馆藏信息（非数字化的和数字化的），而且能够使用户通过网络联机存取图书馆内外的其他信息资源的现代化图书馆。

⑦ 从社会需求和技术条件分析，数字图书馆的核心和本质是利用现代信息

技术，以计算机网络为基础平台，构建一种有利于知识创新的资源、工具和协作环境。数字图书馆不仅仅局限于网络数字信息资源的开发利用，更是一个促进信息获取、传递、交流的知识中心。

从以上各种定义中可以看出，由于学科背景和认识角度的不同，人们给数字图书馆下的定义也有所不同。从学科背景来看，计算机界认为数字图书馆与现有的印本图书馆没有任何关系，它实质上是一种"信息库"，数字图书馆要解决的是海量信息的存储与检索问题，特别是多媒体检索问题；而图书馆界认为数字图书馆是在传统的图书馆基础上发展起来的，是印本文献的数字化与数字化资源的融合，数字图书馆要解决的是收集和建立数字化资源并有效地提供信息服务。人们对数字图书馆的认识主要有两个不同的角度：一个是从个体的、相对独立的图书馆（有相对独立的馆藏、馆舍和专业人员队伍）实体的角度来认识，另一个是从广义的、社会整体性的角度来认识。

传统的图书馆定义，一般都强调"机构""设施""场所"等，如"图书馆是搜集、整理、保管和利用书刊资料，为一定社会的政治、经济服务的文化教育机构"；"图书馆是客观精神的容器，是把客观精神传递给个人的场所"；"图书馆是这样一个机构，它用书面记录的形式积累知识，并通过馆员将知识传递给团体和个人，进行书面交流，因此，图书馆是社会文化交流体系中的一个重要机构"；等等。这是因为传统图书馆的独立性很强，各自都拥有自己的馆舍、馆藏、专业人员队伍和读者群。虽然资源共建共享是图书馆发展的趋势，但总的来说，各馆的独立性还是相当强的。

数字图书馆和传统图书馆相比，有一个比较明显的特点，就是具有很强的整体性。虽然每个个体的数字图书馆有相对独立的馆舍（存储空间）、馆藏（数字文献）、专业人员队伍，但是其都不能脱离数字图书馆群体而单独存在，必须与其他数字图书馆共同发展和繁荣。从读者的角度来看，个体数字图书馆之间的差别以及相对的独立性对他们查询和获取文献来说可能没有什么影响。由此可见，数字图书馆的整体性是相当强的。具有社会整体性的数字图书馆是由一个个相对独立的个体数字图书馆组成的联盟。所以，从社会整体性和个体性来描述、定义数字图书馆都有其合理的一面。因此，在给数字图书馆下定义时，应该考虑同时引入广义（整体性）的数字图书馆概念和狭义（个体）的数字图书馆概念，同时还应该显示出数字图书馆和其他数字化信息交流机构（如商业性的网络数据公司、大众媒体传播机构等）在社会功能上的区别，并且克服唯技术主义倾向。

基于这样的考虑，本书给数字图书馆下的定义是："数字图书馆就是运用当代信息技术，对数字信息资源进行采集、整理和储存，并向所有连接网络的用户提供数字信息资源，为一定社会的政治、经济服务的文化教育机构以及这种机构的组合。"这个定义明确了数字图书馆的社会性质——文化教育机构；明确了数字图书馆的活动目的——为一定社会的政治、经济服务；明确了数字图书馆的工作对象——数字信息资源；明确了数字图书馆的工作内容——采集、整理、储存和提供数字信息资源；明确了数字图书馆和传统图书馆的不同之处——数字图书馆利用当代信息技术，工作对象是数字信息资源，服务的对象是所有连接网络的用户。

三、数字图书馆的相关概念

与数字图书馆相关的概念还有电子图书馆、虚拟图书馆、无墙图书馆、网络图书馆等，但是在学术界讨论最多的是数字图书馆和电子图书馆。

（一）电子图书馆

1975 年，克里斯汀首次提出了"电子图书馆"一词。这个时期可以说是电子图书馆概念刚开始萌芽，但尚未引起广泛讨论的阶段。

20 世纪 70 年代末 80 年代初，美国著名图书馆学家 F. W·兰开斯特在其引起人们广泛注意的专著《通向无纸情报系统》和《电子时代的图书馆与图书馆员》中描绘了电子时代图书馆的面貌与发展前景，但他本人并未明确提出电子图书馆这一术语并确定其内涵。根据对所掌握资料的分析，本书认为首次对电子图书馆这一概念给出明确定义的人是图书馆学家道林，他认为电子图书馆是一个提供存取信息服务，并使用电子技术增加和管理信息资源的机构。他所描述的电子图书馆主要还是图书馆自动化的内容，即书目的生成、联机检索等。任何一种概念的提出都离不开当时所处的社会环境和技术基础，电子图书馆概念的提出摆脱不了时代的烙印。那个时期的电子图书馆是一种概念，一种扩大了功能的、在网络环境下运行的以电子出版物为主体的图书馆自动化系统，其功能主要体现在书目型与全文型相结合的存储功能、相互关联的索引结构和全文查找功能等，此时电子图书馆并不是真正意义上的数字图书馆，但是随着电子图书馆概念的延伸、技术背景和社会环境的变迁，它与数字图书馆的概念逐渐趋于一致。目前，欧洲偏向采用"电子图书馆"这一说法，而美国、加拿大等则偏向采用"数字图书馆"这一说法。

（二）虚拟图书馆

较早提出虚拟图书馆的是美国学者卡耶，他在 1992 年的一篇论文中把虚拟图书馆定义为"利用电子网络远程获取信息和知识的一种方式"。他没有将虚拟图书馆看成一种图书馆形态，而只是将其看成用户获取信息和知识的一种方式，从定义上看他并没有否定传统图书馆继续存在的意义。他肯定了传统图书馆具有收藏信息载体的功能，认为虚拟图书馆与传统图书馆是相互依赖、互相促进的。目前，虚拟图书馆的概念已经逐步被电子图书馆和数字图书馆取代。

（三）无墙图书馆

无墙图书馆是人们对数字图书馆（电子图书馆）、虚拟图书馆等类似概念的比较形象化的提法，概念的界定不是很严格，既可指数字图书馆（电子图书馆），也可指虚拟图书馆。现在已经基本不用这个概念了。

（四）网络图书馆

随着互联网在全球的普及，一种新的利用互联网获取信息的资料库——"网络图书馆"正逐步形成。网络图书馆并非一种实体的图书馆，而是利用网络来获取信息和知识的一种方式。在这种方式下，信息存储和信息利用的地理界限被打破，所有人都可以在任何地方任何时候利用网络获取自己所需的信息。由于越来越多的数据库和信息系统都接入互联网，因此互联网上的信息的种类不断增多、数量不断增加，网络图书馆成为"全球最大的图书馆"。

实际上网络图书馆主要强调信息获取手段的网络化，强调网络信息环境或空间，是对利用网络获取信息和知识的一种通称。

四、数字图书馆的特点

（一）信息资源数字化

信息资源数字化是数字图书馆建设的基础，因为数字图书馆的其他特点都是建立在信息资源数字化的基础上的，如果没有数字化信息资源作为基础，就根本谈不上数字图书馆的存在。这也是数字图书馆和传统图书馆的最大区别，因为数字图书馆的本质特征就是信息资源的存储与传递的数字化。数字是信息的载体，信息依附于数字而存在。离开了数字化的信息资源，数字图书馆就成了"无源之水，无本之木"。信息资源的数字化是一项巨大的渐进的社会工程，它不可能由某一个图书馆来完成，甚至也不可能由整个图书馆界来完成，它需要社会各个方面通力协作共同完成。

数字化信息资源可以有以下几个方面的来源。

1. 传统图书馆馆藏的数字化

人们可采用数字化技术使传统图书馆的馆藏（包括印刷型文献、缩微制品和视听资料的内容）逐步实现数字转换和数字处理，并将其存储在大容量、高密度的存储设备中；采用数字图书馆有关存储技术，对数字文本、图形、图像、音频、视频等进行分级存储，用调度系统把它们有机地集成在一起。

2. 电子出版物

电子出版物包括电子图书、电子杂志、电子报纸等。这些电子出版物是电子排版格式的，在出版的时候已经数字化，对这类资源的操作主要是对其进行格式转换，并对内容、章节、目次进行标识，以及对内容进行分类、主题标引，用超文本技术把它们与正文连接起来，这样处理之后的电子出版物具有检索功能。

3. 网络数字资源

网络上存在大量的无序资源，按照某种标准（如格式转换）对这些资源进行整序，使得经过重新组织的网络数字资源具备浏览、查询和检索功能，以方便最终用户的获取。

（二）信息传递网络化

在信息资源数字化的基础上，数字图书馆需要通过以网络为主的信息基础设施来提供信息服务。数字图书馆已远远超出了传统图书馆界定的场所，通过计算机网络，把分散在各地的网络资源有效地连接起来，超越了时空的约束，使用户能够在网络所及的任何时候、任何地点，以多种方式获取所需的信息资源。

（三）信息资源共享化

资源共享是传统图书馆苦苦追求的目标，但由于观念、体制、条件和环境等因素的制约，传统图书馆很难实现真正的资源共享。而数字图书馆在实现信息资源的数字化和信息传递的网络化之后，信息资源共享的广度和深度是以往图书馆所无法比拟的。在今天的网络环境下，人们可以借助网络实现数字资源的共享，包括机读目录、电子出版物及其他各种数字化资源。个体数字图书馆的信息资源可以共享给其他个体数字图书馆，个体数字图书馆也可以纳入自己需要的世界信息资源，从而达到共建共享的最佳境界，共同形成一个共享世界信息的资源库，这是理想化的数字图书馆。从目前来看，国家利益、集团利益、版权等一系列问题仍然阻碍着真正"信息资源"共享目标的实现。随着信息共建共享模式的日益发展，原先的信息壁垒和围墙将被逐渐拆除，信息资源的共建共享步伐将会越来越快。

（四）信息提供知识化

与传统的图书馆不同，数字图书馆将实现由文献的提供向知识的提供的转变。数字图书馆将图书、期刊、数据库、多媒体资料等各类信息载体或信息来源在知识单元的基础上有机地组织并连接起来，以动态分布方式为用户提供服务。数字图书馆不仅仅局限于网络信息资源的开发利用，更是一个促进信息获取、传递、交流的知识网络。这样，数字图书馆提供的就不只是信息，它还能够提供附加值更高的知识以及"知识导航"的服务。随着数字图书馆信息加工的深度逐渐加大，不断向知识化、智能化方向发展，其将会为读者用户创造一个良好的有利于知识产生和知识创新的信息空间。

第二节　数字图书馆的功能

一、数字图书馆系统的功能

国际商业机器公司（IBM）的数字图书馆将信息存储、管理、查询、检索和传递等结合在一起，信息一经数字化就可以在开放网络上实现资源的共享。IBM 的数字图书馆在传统图书馆结构上引进了大量的电子设备，按照传统图书馆处理信息的流程，本书认为数字图书馆系统有五大功能：内容获取与创建、存储与管理、权限管理、访问和查询、信息发布和传播。这五大功能也基本涵盖了数字图书馆的基本功能。

（一）内容获取与创建

内容获取与创建主要是将物理介质转化为数字形式。利用数字图书馆系统可将文本、图片、视频、音频等类型的资料数字化。内容获取与创建功能还包括对元数据进行定义、输入编辑和进行数据转换等子功能。

（二）存储与管理

数字图书馆系统利用电子技术来存储和管理大量数字形式的信息。这些复杂的功能均在系统内部实现，系统提供给用户的是简单而友好的界面。用户不必考虑信息的物理存储位置，可以从办公室、家庭等地方便地获得所需信息。这里所采用的技术可以是各种数据库技术、对象处理技术和多媒体技术等。

（三）权限管理

网络访问和存取数字化信息的过程中，需要使未经许可的信息的发布和传递降低到最低限度，以保护信息所有者的权利。数字图书馆的权限管理主要体现在对知识产权的访问，使用版权许可、版权控制、监督和保护办法，以及使用具有密码的协议，附加版权信息等方面。

（四）访问和查询

数字图书馆应有丰富的查询技术，包括文本和图像分析工具以及数字化音频、视频信息的查询工具，可提供索引、全文检索和多媒体检索服务。例如，对图像内容的查询，图像可按照颜色、纹理和位置进行查询检索，用户能从可视化信息中搜索到多媒体数据。

（五）信息发布和传播

数字图书馆能够有选择地在现有的计算机网络系统上发布和传播信息，如客户机/服务器事务方案，商业联机服务或交互式电视等方案。

二、外部数字化资源的连接服务功能

（一）电子出版物的利用

在数字图书馆中，电子出版物是数字图书馆资源的重要来源，其中光盘数据库有索引型、全文型和多媒体型，后两者将是今后电子出版物的主流产品。为此，人们应建立光盘数据库与数字图书馆的连接，或者进行格式的转换。

（二）互联网资源的连接功能

互联网是数字图书馆的网络环境，其网上资源已成为数字图书馆最大的资源。数字图书馆应具有连接互联网信息资源的功能。例如，中科院国家科学数字图书馆，就对互联网上的各种科学资源进行了整理，提供对外的连接服务。

（三）连接联机信息检索系统和各种网络数据库系统

数字图书馆应该连接联机信息检索系统，如 DIALOG 系统、条件访问系统等信息检索系统。另外，数字图书馆还应连接电子报刊数据库系统。

（四）联机书目查询功能

数字图书馆应具有传统图书馆的联机书目的各种功能，如内部业务管理的查询显示和检索词的规范控制等。数字图书馆通过联机书目系统指引用户使用未数字化的传统馆藏，主要是指引用户访问非电子信息资源，如传统印刷型书刊、缩微资料、视听资料等。

总之，通过公共检索目录，用户可以获得图书馆印刷书刊、视听资料等的书目信息、出借情况及馆藏位置信息，以便进一步获取原始文献。当然，这些原始文献的传递还需要用手工或机械化手段来完成。

三、网络服务功能

数字图书馆是在网络环境下运行的，数字图书馆的一切活动都在网上进行，网络服务的功能大部分已经体现在数字图书馆连接外部信息资源的功能中，包含数字图书馆资源的制作、存储、查询与检索，读者借阅服务等，所以网络服务将是今后数字图书馆服务的主要形式。此外，用户通过数字图书馆的通信服务器和网络工作站，与城市、地区、国家和国际的网络相连，可以进行一般的业务通信，如访问所需信息数据库。图书馆与用户、用户群之间的联系也可以借助数字图书馆来进行。

第三节　数字图书馆的体系结构

虽然互联网将全球的信息资源连在了一起，但各自独立的资源库具有各自不同的组织、描述和检索方式。如何提供一种网络环境下跨资源库的、统一高效的访问和检索工具，以及提供一套高效的信息生成、组织和提取技术，正是数字图书馆所要研究的内容。如果把互联网看成一个巨大的无墙图书馆，广义的数字图书馆的目标就是优化互联网的信息存储结构，提供一致的检索接口，使整个网络成为一个虚拟的、单一的、有组织的、有结构的信息集合，实现跨资源库的无缝信息检索。为实现这一目的，美国数字图书馆专家提出了一套新的网络信息资源的组织方式，其成为数字图书馆基础理论建设的重要内容。

一、数字图书馆的信息结构

（一）数字信息

传统图书馆除了拥有大量的传统文本信息外，还包括迅速发展的非文本信息（如照片、图片、艺术作品等）、视频音频资料（如录音带、电视电影录像带、动画游戏资料等）、多维图像和数据（如全息图像）、数字流信息（如卫星信息、宇宙数据等）。如果将上述这些不同的信息进行数字化，生成计算机能识别的二进制编码，它们就可形成数字信息。

数字图书馆的信息是由经过数字技术处理的数据元素组成的，这些元素包括数字对象、元数据、调度码。数字对象存放在资源库中，以一定的数字形式来表达信息内容。

数字图书馆要充分反映信息的复杂性。为了标识信息的复杂性，需要将若干数字对象组合起来。这些被组合起来的数字对象就称为数字对象集，所有数字对象都有相同的基本形式，但每个数字对象集的结构取决于它所代表的信息内容，而不是数据元素的存储形式。

在数字图书馆中，有许多种不同形式的资料，其信息有多种类型，例如，基于标准通用置标语言的全文、计算机程序等。对每种类型的资料都应按数字对象集的相关条例和规划加以描述，如每种对象用什么标识符，对象集的每个数字对象及相关元数据的内部结构是如何构成的，对象如何命名等。

（二）数字对象

数字对象是数字图书馆体系结构的基本单位，数字图书馆是数字对象的集合。元数据是结构化的关于数据的数据，它是存储在数字对象中的信息，包含识别对象的条件、条款和调度码。人们利用元数据管理网络环境下的数字对象，如对数字对象的存储、复制和传递的管理。

数字资料是文本经扫描转换后的数字化标识，即二进制数字。数字对象中的数字资料是数字图书馆的原始资料。例如，一个数字对象的数字资料可以是用可扩展标记语言标记的文本或一条记录。

在数字图书馆体系中，为完成各种检索一定要对各种信息进行有效的组织。数字图书馆体系中的信息都是以基本单位进行存储的，例如，数字化的地图、一段正文、一个网页、一张扫描的照片等，都按数字对象的形式存储。

下面就数字对象的一般结构特性进行综述。

① 相关性。这里的相关性指本对象与其他对象之间的相关性，例如，部

分、整体、系列等。一篇已数字化的全文可能与章节内容、前言、索引、插图、附录、参考文献等数字对象相关。

② 数字格式。同一个项目可能用几种数字格式进行存储，目前大多数使用可扩展标记语言（XML）格式，也可由一种格式转换成另一种格式。不同的格式包含不同的信息，如用 XML 格式描述的正文与附录格式是不同的。

③ 数字对象的变化。数字对象容易改变，数字对象应该能够反映这种变化。例如，一本书有不同的版本，一个网页每月变化几次。

④ 权限和许可权。数字对象的每一个元素都有与之相关的不同权限。

总的来说，在数字图书馆中，信息是作为数字对象进行存储的。数字对象包含三方面的内容：一是资料内容，可以是文本形式的，也可以是用 XML 来置标的编码，还可以是图片、视频、音频的数字形式；二是元数据，包含数字对象的调度码、数字对象的产权数据和权利说明书等；三是管理信息，如格式、标识符、数据使用说明等。

（三）数据类型、结构元数据和元对象

数字图书馆的信息体系结构是以三个简单概念为依据的，即数据类型、结构元数据和元对象。

① 数据类型。数据的每一个项目都有一个相关的数据类型，用以描述数据的技术性质，如格式、处理方法等。

② 结构元数据。它指的是描述资料的类型、相关关系和数字资料的其他特性的元数据。它是一种不可再分的元数据。如机器可读目录（MARC）就是一种结构元数据。

③ 元对象。它提供对数字对象集的引用，最简单的元对象是一个指向其他数字对象的调度码的列表。例如，列出某物的所有数字化版本的数字对象，即一个元对象，一本诗集可以以每首诗为一个数字对象，一本诗集的元对象就是列出的所有诗的数字对象。

（四）数据规范原则

为规范描述结构元数据和元对象，应制定规范的说明书。该说明书要符合下述原则。

① 每一个数据项都有一个明确的数据类型，类型指定了数据的格式和可施加的操作。例如，数据的压缩采用 JPEG 格式，应用特殊方法进行处理。

② 所有的元数据都要有明确的编码。所有需要管理的藏书或提供查询的元

数据都要进行编码，如"TXT"指示文本文档。没有语义信息的评述数据不能作为元数据，也不能单独进行编码。

③给知识产权赋予一个调度码。赋予知识产权一个调度码标志，并把它作为一个独立的数字对象，从而提供了一种访问途径，人们可以通过该标志访问数据对象。例如，一篇数字化正文中包含一些可单独使用的插图，则每个插图都可制成带知识产权的调度码，并作为独立的数据对象。

④元对象可用于连续数据对象。在数字图书馆中，一条记录的全部元数据可能存放在一个对象库多个位置，也可存入二次文献的书目索引中，或存入辅助目录中。元对象与各个数据对象联系，或与所有结构元数据联系，用户不必知道数据对象集中的存储结构，只要用元对象去查询，就可获得更多的数据对象，如一个项目的所有版本的信息，一个项目的所有结构元数据的信息。

⑤调度码可以用于识别元对象中的项目。一个项目对象包含一个目录，利用调度码可识别该目录的每个项目，从而就拥有了一种灵活的信息结构，利用这种结构可以很方便地按顺序重新组织馆藏。

二、数字图书馆系统的结构模型

结合美国国会图书馆的国家数字图书馆计划的试验模型，可得到数字图书馆系统的结构模型，即在网络环境下，一个数字图书馆系统的结构是面向对象的、分布式的网络结构，它可适应多种不同的计算机系统。数字图书馆中的数字化信息可以构成分布式对象数据库。根据综合数字图书馆原始系统构架可知，一个数字图书馆系统主要包含用户界面、查询系统、调度系统、图书馆服务器、对象库和制作系统等。图 5-1 为数字图书馆系统的结构模型。

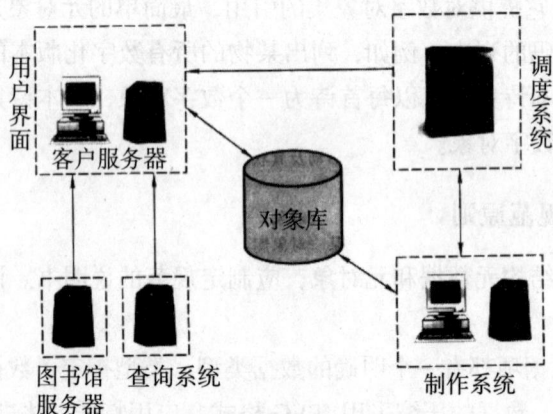

图 5-1　数字图书馆系统的结构模型

（一）用户界面

用户界面有两种类型：一种是供图书馆的读者使用的，另一种是供图书馆工作人员使用的。用户界面与客户服务器相连，该服务器管理数字对象间的关系、数字对象信息的组织等。图书馆工作人员使用的用户界面要设计成一种管理模式，并配置编辑器，以存取、增加、删除数字对象。目前，正在研制一种基于浏览器/服务器的界面系统，用户在浏览器上就能存取数字对象。用户界面应有如下功能或特点：

① 可支持多种浏览器工作；

② 可在不同计算机平台上运行；

③ 提供管理接口，以生成、编辑、查询、删除数字对象；

④ 可处理复杂的数字对象，把数字对象间的联系变换为超链接的模式；

⑤ 能处理调度码，识别数字对象的调度码；

⑥ 对元数据可查重，以便存入新对象；

⑦ 允许用户查询含有其他数字对象的信息；

⑧ 操作容易、直观，用户能方便地存取数字对象；

⑨ 用户可自由使用调度码进行查询，或者识别调度码；

⑩ 数字对象结构对用户是不透明的。

在数字图书馆中，浏览器是用户最常用的工具，它与服务器连接，能与数字图书馆各系统之间进行交互对话。服务器允许用户决定到何处查询或检索，或做什么操作，能理解由数字对象组织的信息表示管理数字对象间的关系，记录用户与系统的交互活动及其状态，管理各种协议及其交换等。

（二）查询系统

在数字图书馆系统中，要检索某一对象库，必须先查目录或索引。下面举例来说明检索过程。假定一个用户要查找某个人的照片，其过程大致分为三个阶段。

第一个阶段是查找符合所需标准的数字照片。客户服务器向用户提供带有检索表格的浏览器，用户按检索询问填表，以查找某个人的照片。用户把该表送入客户服务器，客户服务器把询问变换成检索系统要求的格式和协议，完成第一询问，得到了一份满足条件的数字照片目录清单。期间，每个数字照片由它的调度码来识别。

第二个阶段是用户挑选数字照片并进行查看。客户服务器会向用户提供一种照片目录浏览器，或者超文本标记语言网页，用户可挑选所需的照片。

第三个阶段是检索数字照片。客户服务器向调度系统发送所选照片的调度指令，并送回照片对象库的地址。然后，客户服务器执行对象库访问协议把调度指令送到对象库，并被调度指令识别，这样就完成了一幅照片的检索。最后，被选中的数字照片由对象库提供，经客户服务器送到用户浏览器或超文本标记语言网页上，并在屏幕上显示出来。

整个检索路径是用户提问—客户服务器—调度系统—客户服务器—检索系统—对象库—客户服务器—用户网页显示。

上述检索过程速度很慢而且复杂。如何解决这一问题呢？一般来说，在建立数字对象库前，应在查询系统中建立一套有关检索对象的索引或目录，以实现快速的全自动查询。实现快速自动查询的关键就是建立数字对象的元数据索引或目录，以及选择查询引擎和查询协议。图 5-2 为查询系统结构。

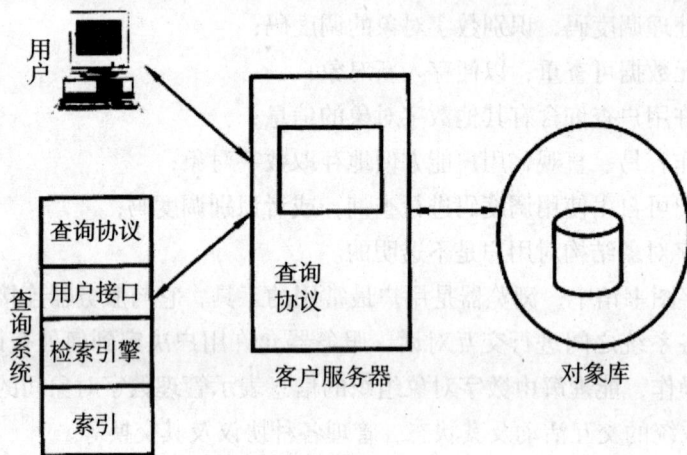

图 5-2　查询系统结构

查询系统由查询协议、用户接口、检索引擎和索引组成，并与客户服务器、对象库密切相关。

（三）调度系统

数字图书馆系统是由各种成分构成的，它们包括人员（用户与图书馆馆员）、计算机、网络、对象库、检索查询系统、服务器、数字对象、对象的元数据和目录等。为了识别这些成分，系统需要一种标识方法，即利用调度码和调度系统识别。

1. 调度码

调度码是用来唯一标识数字对象的标识符。在数字图书馆系统中，一般用调度码去识别数字对象和对象库。美国在实施国家数字图书馆计划时制定了一套通用的调度码，称为"统一资源名称"，利用该套调度码可按名称识别对象库中的数字对象，或识别互联网的资源。与之对应的是"统一资源位置"，可按对象在对象库中的位置来识别。

2. 调度系统

调度码是需要长期使用的名称，需要一个权威机构制定命名规则和命名。在数字图书馆系统中，用它识别的资源可改变其形式，可将资源存于许多位置上或可移动其位置，或其位置随时间而发生变化。由此，必须有一个系统来监控它，这样的一个监控系统就称为调度系统。该系统是一个存储调度码和相关数据的分布式计算机系统。它可用于定位或访问由调度码命名的项目。假如有两个调度码字段标识文章，它们存入调度系统中，该篇文章在两个位置可得到。第一个调度码字段是数据类型；第二个调度码字段是文章的数据。如果该文章可用公认的 RAP 协议来访问，文章的数据就是该文章在对象库中的地址。在分布式的环境下，调度系统将调度码映射成该调度码所对应的数字式对象所在的网络资源。

在设计调度系统时，主要应考虑分布式环境下对各种类型资源调度的实现，还要寻求一种对网上多用户、多任务并行处理和提供快速访问、应答的实现技术。在进行调度系统设计时，特别应注意命名规则和语义确定。

（四）图书馆服务器

图书馆服务器是用来运行图书馆自动化集成系统的，可采用客户机 / 服务器模式，它是一个以图书馆内部业务为主体的书目服务系统，提供采访、编目、流通、期刊管理、参考咨询和检索等服务。在数字图书馆中，万维网（Web）服务与图书馆服务连接，使它成为数字图书馆的一个组成部分（见图 5-3）。

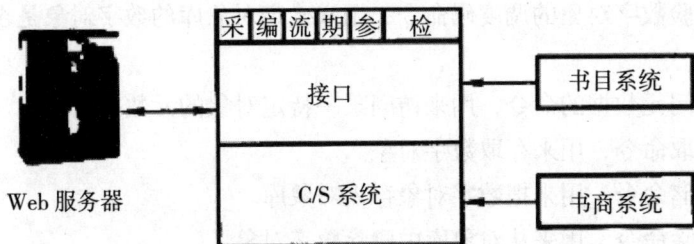

图 5-3 图书馆服务器

一般来说，图书馆自动化系统应并入数字图书馆系统中。这样，图书馆的读者既可从书目数据库查找书刊资料线索而获得原书、原刊，也可直接检索数字对象库，获得多媒体资料。从软件角度来说，数字对象库既可存储二次文献的数字对象，也可存储全文、图片、音频、视频等多媒体资料。

（五）对象库

对象库用来存储和管理数字对象的相关信息。一个数字图书馆有许多不同形式、种类的对象库，它们可分别存储数字化文本、图像、视频、音频信息及其他二进制编码，而且它们是按数字对象的每个元素的数据类型进行存储的。

1. 对象库的结构

对象库一般由下列层次构成：对象库外层、永久存储层和对象库管理层。

① 对象库外层。它是对象库与外部连接的部分，它执行 RAP 协议，进行内部与外部格式的转换，管理各种权限。

② 永久存储层。凡是需要永久存储的信息就存入这一层，永久存储的信息是完全与外层分隔的，可通过 RAP 界面与之联系。

③ 对象库管理层。对象库管理层主要是为永久存储层服务的，是对象库外层与对象指引功能之间的一种接口，能够提供数字对象存于何处（地址）和操作服务的指引图。

2. 实现方法

对象库的三层结构之间的联系是通过应用程序接口实现的，这种结构实际上是一个面向对象的结构。

3. 对象库的访问协议

所有与访问对象库有关的操作活动，都要先执行对象库访问协议。对象库的访问协议有下列访问命令和功能。

① 检验调度码的命令，用来确定调度码是否已记入调度系统。

② 访问对象库的元数据命令，用来访问对象库的元数据。

③ 检验数字对象的调度码命令，用来确定对象库的数字对象是否标有规定的调度码。

④ 访问元数据的命令，用来访问某一特定对象的元数据。

⑤ 存取命令，用来存取数字对象。

⑥ 存储命令，用来把数字对象存入对象库。

⑦ 删除命令，用来从对象库中删除数字对象。

⑧ 编辑元数据命令，用来编辑数字对象的元数据。

⑨ 编辑命令，用来编辑数字对象。

此外还有一些管理对象库的命令。

4. 对象库的识别

对象库的内容组织与管理对用户是透明的，这就产生了一个如何识别对象库的问题。简单来说，对象库中的数字对象是通过给每个数字对象一个调度码来识别的。其过程是用 RAP 指令把对象库的调度码送入调度系统，调度系统识别该调度码所表征的数据类型，并识别标有调度码的数字对象的信息，然后把数字对象的调度码送入调度系统，再识别 RAP 类型的信息。最后，由访问指令把此信息送入对象库实现存取。简言之，对象库中的数字对象是用调度码来识别的。

5. 对象库的安全

安全是对象库设计时所要考虑的重点问题，知识产权和允许使用权是与对象库及其所存储的数字对象相关联的，即数字对象一存入对象库中就与对象的产权和允许使用权发生联系。每个 RAP 指令也包含了访问权限和访问条件。

对象库设计时仍有许多问题亟待解决，如数字对象的元数据（文本、图片、音频、视频）的界定、对象库访问协议的制定以及知识产权的保护等。这些问题不是硬件、软件的问题，而是涉及法律、规定和数据准备的问题。

（六）制作系统

制作系统是图书馆工作人员和管理人员使用的，主要用于选择数字对象的数据内容，即确定数据类型、建立数据模型、规范数据格式、确定数据相互关系，包括数据的采集、数据的扫描处理、数据的编辑、标识数据的存储与管理、系统的创建和维护等事务处理与流程管理。因此，系统建立的好坏关系到数字图书馆数据库建立的成败。

第四节 数字图书馆建设原则与发展前景

一、数字图书馆和数字图书馆资源库建设的基本原则

（一）数字图书馆建设的三个基本原则

作为国家信息建设的基础工程，我国数字图书馆发展战略应该建立在以下三个基本原则之上。

第一，必须形成以自有知识产权为基础的技术力量。虽然信息产业在2000年就已经成为我国第一大规模的产业，并居全球第三位，但我国信息产业的发展是在低质量、低水平下的数量扩张，"大而不强"，缺乏具有自主知识产权的产品和核心技术是我国信息产业的现状。数字图书馆是信息时代民族文化的最重要的载体，为保证对自己文化的解释权，使其基本含义不发生变化，必须将我国的数字图书馆建立在自有知识产权的技术基础之上，并以此带动信息产业领域的技术研发和技术创新。

第二，必须形成以公共资本为主体的开发体系。数字图书馆作为一个国家迈向信息社会的基础设施，对新经济时代社会、经济和文化的发展将产生整体性影响。数字图书馆建设是一项利于当代、造福子孙的事业，因此必须站在民族生存发展、国家长治久安的高度制订发展计划，形成以公共资本为主体的开发体系。

第三，必须主动进行体制创新。在数字图书馆建设的过程中，要打破思维定式，增强创新精神，加强数字图书馆建设重要意义的宣传；调动政府与民众的积极性，结合国家和企业的利益，制定经济开发与文化发展的战略，主动加快生产关系的变革和体制的创新，为生产力和技术创新的持续发展提供体制环境。

分析国外数字图书馆的发展状况和总结我国近年来数字资源建设的基本经验可知，我国数字图书馆建设应着重进行四个方面的工作：第一，将中国数字资源作为国家发展战略的研究内容，制定中国数字资源开发和数字图书馆建设发展规划，编写中国数字资源开发和建设蓝皮书；第二，加强国家在数字资源开发和数字图书馆建设上的主导作用，成立"中国数字图书馆发展技术联盟"，集中力量进行技术突破，开发出以自有知识产权为基础的技术项目群；第三，加强数字图书馆的应用研究，设立一个或多个"数字资源开发国家测试基地"，在数字资源的应用开发中推动技术的突破和产业化发展；第四，加大对数字资源开发和数字图书馆工程的投入，设立"中国数字资源发展基金"，为我国数字资源和数字图书馆建设筹集充足资金。

（二）数字图书馆资源库建设的原则

数字图书馆资源库建设是数字图书馆建设的核心，在数字图书馆的资源库建设方面，应该遵循技术能力和社会需求优先的原则，基本思路是先建急需急用和容易的，先易后难，从小到大，要有步骤、宏观有序、分清轻重缓急，避免一哄而上。在具体实施中要遵循以下四个原则。

第一个原则是要统一。即统一规划、统一技术标准、统一运行规则，这是信息资源共建共享的基础。

第二个原则是要联合。建设数字图书馆绝不可能毕其功于一役，完全由哪一家图书馆单独完成，必须走联合的路，实现资源的共享，所有拥有文化信息资源的单位都应该是数字图书馆的一个有机组成部分，不联合谈不上数字图书馆，联合是共享的基础。从示范试点的角度看，由于专业分工的不同，资源库的建设不可能只有一个中心，因此统一规划和分散建设同等重要，而且要突出各资源库在统一标准下的专有特色。联合必须是建立在共建、共享、共利的基础之上，运用适当的运行机制，使各方的权益得以体现，从而实现全社会共享。

第三个原则是要防止重复建设。经济建设中长期存在的最大弊端之一是重复建设造成的巨大浪费，实现资源共享是防止资源浪费和重复建设的一个非常有效的手段。

第四个原则是要认真研究网上法律问题，以期对解决信息资料网上的版权问题有所裨益。更重要的是，我们要抓住机遇，主动参与制定网上法律规范。

二、数字图书馆建设面临的问题

（一）社会、经济问题

数字图书馆建设的社会问题就是探讨各种对知识自由、知识产权保护、检查制度、隐私权等相关问题的处理，提高数字图书馆的权威性和可靠性。数字图书馆是传统图书馆在信息时代的发展，它不但包含了传统图书馆的功能，向社会公众提供相应的服务，还融合了其他信息部门（如博物馆、档案馆等）的一些功能，提供综合的公共信息访问服务。可以这样说，数字图书馆是信息高速公路的重要信息资源，是未来社会的公共信息的中心和枢纽，是知识经济时代一种新的知识创新、发现和传播的重要软基础设施，数字图书馆的建设效果已经成为当前评价一个国家信息基础水平的重要指标。

数字图书馆建设的经济问题指的是数字图书馆经济效益如何，各项花费多少，信息服务商及电子出版商与数字图书馆的互动关系如何。如何在既保证社会效益的同时又保证经济效益，这是我们必须面对的一个问题。早在1999年，许多专家就提出，国家图书馆的藏书是国家投资购买的，是公益事业，在不考虑版权的前提下，把这些图书上网并收费，那么如何体现公益呢？

这个问题的解决对于一些依托传统图书馆建设的数字图书馆是非常重要的，必须给予重视。既保证图书馆的公益性，又通过适当的市场运作实现一定的经济效益，从而促进数字图书馆的良性发展，是构建中国数字图书馆运作模式的基础。有专家认为，建设数字图书馆，必须进行思维创新和体制创新，在具体的实践过程中不断对其进行完善，只有这样，才能回答各种疑问，保证数字图书馆的健康发展。

（二）法律问题

数字图书馆的法律问题，实质是版权和知识产权在网络时代的运用问题，这个问题在数字图书馆的建设中已日渐突出。如何既保护作者的知识产权，同时又让各类文化、科技的文明成果纳入数字图书馆，以使其为更多的人服务，创造出更大的价值，这是一个急需解决的问题。

1. 知识产权保护问题

如何既保护好权利人的合法权益又兼顾社会公众的利益，处理好网络环境下数字作品的著作权保护问题，受到了法律界、信息服务界等各界人士的普遍关注。有学者对数字作品的知识产权保护做了相关研究，认为我们迫切需要对现行知识产权制度进行调整和完善。而在进行这方面工作时，我们必须关注国内外在这方面的法律规定，或者主动与出版机构以及著者进行沟通。根据我国的著作权法，处于以下情况的作品是没有版权问题的。一是超过著作权法保护期限的作品。二是著作权法保护地域以外的作品。著作权法是国内法，只在本国有效。因此，著作权的地域性决定了著作权法只保护本国领域内所有公民的作品。如果一国国民的作品要在他国受到保护，必须两国之间签订双边保护协定，或者两国共同加入一个多边国际公约，否则其作品就得不到保护。我国是《保护文学和艺术作品伯尔尼公约》和《世界版权公约》这两个公约组织的成员国，有义务保护同属于这两个公约组织成员国公民的作品。三是不受著作权法保护的作品。这类作品有两大类：一类是内容违反有关法律法规的规定，被禁止出版和传播的作品；另一类是不具备独创性的作品。四是可以"合理使用"的作品。合理使用是指"在法律规定的条件下，不必征得著作权人同意，也不必向其支付报酬，基于正当目的而使用有著作权作品的合法行为"。我国著作权法规定了合理使用的各种情况。其中"为介绍、评论某一作品或说明某一问题，可以在作品中适当引用他人已经发表的作品"这一规定为图书馆编辑某些专题数据库提供了法律依据。总之，世界各国都面临建立适应数字技术发展的知识产权制度的问题，我国也不例外。

（1）数据库开发中的版权保护问题

数字图书馆建设必然会采用各种各样的数据库。数据库作为一种作品、作品片段、数据或其他资料汇集并通过电子形式表达出来的信息实体，它完全处于自然语言环境下。创作者在计算机前对已经存在的作品应用一定的技术手段进行选择、修改、汇编而形成新的作品，其独创性主要表现在材料的选取或者编排上，创作者付出了智力劳动，因此其作品具有独创性，符合著作权法中辛勤收集的原则，所以其作品可受到著作权法的保护。对于数据库的知识产权保护，世界各国都比较重视。欧盟各国在 1996 年通过的《欧盟数据库指令》中规定："凡在其内容的选择与编排方面，体现了作者自己的智力创作的数据库，均可据本指令获得版权保护。"美国则主张用著作权法保护数据库，但大多数数据库的版权属于投资人。而世界知识产权组织和世界贸易组织将数据库作为汇编作品，认为数据库如果符合独创性的标准可以受到与其他文学作品一样的保护。目前我国对数据库的法律保护尚无单独、具体的规定。一般来说，我国著作权法将那些汇集有著作权材料的数据库作为编辑作品加以保护，规定编辑作品内编辑人享有著作权，但行使著作权时，不得侵犯原作品的著作权。而对于那些以事实性信息或无著作权材料汇集为特征的数据库，主要采用反不正当竞争法保护，由汇编者享有著作权。今天我们在理解数据库的版权保护时，要从两个角度去领会，首先是原作品的著作权不得侵犯，其次是数据库创作者对数据库整体享有著作权，未经许可复制或实施其他侵权行为，将可能构成双重侵权，既有对数据库创作者的侵权，又有对数据库内原作品的侵权。因此，除进入公有领域的作品或超过著作权保护期的作品外，在使用原文时必须获得版权人的许可，同时对数据库的链接进行使用时，必须同数据库权利人签订某项合同协议，否则属于侵权。

（2）网络传输中的版权保护问题

网络传输是数字图书馆服务用户的必备手段。将数字形式的作品搭载到互联网上向公众传播究竟属于著作权法意义上的哪种行为，目前有两种观点：一种观点认为其属于发行行为，其根据为无论是联机用户从网上下载一项作品通过载体制造了比较稳定的复印件，还是作品仅仅进入用户计算机的随机存储器，都构成了作品的复制。伴随着这种复制，发行行为就产生了。美国国家信息基础设施推进工作组发表的《知识产权与国家信息基础设施》白皮书即持此观点。因此他们建议在立法中应明确规定，信息传播将作品从某一终端通过网络数字信号形式发往另一终端的计算机屏幕上，也属于发行行为，是版权人的专有权。另一种观点认为作品网络传播属于类似广播的公共传播行为。其理由是网络传输同有线传输没有本质的区别。关于网络传播究竟是发行行为还是公共传播行为，目前尚无定论，我国也无明确规定。本书认为在网络上传输作品应视作发行。将作品数字化后无偿提供给公众，只是作品载体形式和使用手段发生变化，并没有新作品产生，作品的著作权人对其创作仍享有著作权。为此，本书建议在著作权法有关作品使用方式中增加相应的网络传输使用的规定，将著作权法各项权利的规定均延伸到数字化作品中，即著作权人享有将作品通过网络向公众传播、许可他人使用其作品，并由此获得报酬的权利，如需传播其作品必须与著作权人签订许可协议，确定使用对象、使用时间、使用地点、使用范围等。未经著作权人授权在网络上传播他人作品则是一种侵权行为。

（3）网络资源共享中的版权保护问题

数字图书馆构建在互联网中，共享着网络资源，用户随时可以对这些资源进行浏览、下载，他们对信息资源的存取十分频繁，这必然会涉及知识产权的保护问题。依出版商的观点，网络中的某些文献在电子环境下不被认可，他们强调某些收费的文献传递服务不受合理使用原则的保护，应禁止图书馆为商业公司提供资料，并对提供这类资料服务的图书馆施加各种限制，否则未经授权的数字化文献将毁灭版权作品的价值。另外，著作权人还担心对网络共享文献下载复制的无限性也会侵犯他们的专有权利，从而对作品的销售市场产生影响，因此他们强烈要求加强对网络文献的版权保护。目前欧美国家的立法正朝着有利于著作权人的方向发展。虽然有关网络资源保护的法规目前尚不完善，但本书认为，网络资源的共享是在一定限制条件下进行的，并不是毫无原则的，而且复制件的最终使用者是用户，而非图书馆，因此不会造成文献无限制地传播，从而影响著作权人的经济利益。数字图书馆针对不同的用户提供不同的服务，对于个人学习以及科研的需要，应属合理使用，他人可以自由浏览和使用，除非著作权人声明不准使用。对于来自商业界的用户和出于商业目的的服务则应按照法定许可原则适当收费，支付相应的版税，给著作权人相应的补偿。对于网络共享服务的责任问题，在网络资源共享服务中，不仅要重视终端用户方面的版权保护，还要注意服务方的共同侵权责任。国际上已出现了在网络传输中用户和经营者共同负有侵权责任的情况，这些都是应尽量避免的。另外，对于网络加密文献的解密问题，解密者必须获得著作权人的授权才能进行解密，未经许可，擅自解密或生产销售解密工具与设备的属于侵权行为。

2. 网络安全问题

网络信息是社会发展的重要战略资源，信息技术和信息产业正在改变传统的生产、经营和生活方式，成为新的经济增长点。信息网络国际化、社会化、开放化、个人化的特点使国家的"信息边疆"不断延伸，甚至到了每一个上网者个人。国际上围绕信息的获取、使用和控制的斗争愈演愈烈，信息安全成为维护国家安全和社会稳定的一个焦点，尤其是网络信息的安全保障能力，已成为21世纪国家综合国力、经济竞争力和生存能力的重要组成部分。数字图书馆本身就是一个局域网，计算机网络的安全直接决定了数字图书馆的安全。

3. 计算机软件的法律保护问题

计算机软件是计算机程序及其文档的总称，是一种知识密集型产品。由于软件的开发付出了独创性的智力劳动，因而它受到著作权法的保护。数字图书馆建设离不开技术力量的支持，需要使用大量的计算机软件，既要使用别人开发的软件，也有自己独立开发的软件，但软件很容易被复制，被人剽窃，且复制成本很低，以至盗版软件大量流行，侵犯了软件创作人的版权利益。同时利用盗版软件非法套录数据库现象的存在，也对数据库的安全构成威胁，因此加强软件的法律保护就显得极为重要。对于图书馆自己开发的软件，凡符合专利条件的，图书馆要及时申请专利，进行软件登记，以便享有自己的权利。对于网络上大量公用软件，大都可以随意使用，包括复制、修改。对于共享软件，包括免费软件，使用时应注意其知识产权。这类软件可能是一种试用软件，软件的开发者通过联机服务等方式来提供软件相关服务，并允许用户下载其部分内容或全部内容的目标代码。这类软件一般允许存档、复制、修改和非营利发行，但不允许以营利为目的的发行，因为共享软件和免费软件均受著作权法保护。对计算机软件的保护，既要保护其表现形式不被非法复制，也要保护其技术设计、技术方案等智力成果不被非法利用。美国于 1980 年就修改著作权法将计算机程序作为"文字作品"纳入其保护范围，其后越来越多的国家和地区宣布采用著作权法保护计算机软件。1996 年，世界知识产权组织外交会议也进一步明确要用著作权法保护计算机程序。在我国 1990 年颁布的《中华人民共和国著作权法》中，也明确设立了计算机软件这一客体，2001 年，国务院公布了《计算机软件保护条例》，之后有关部门又颁布了一系列相关法规条例，形成了一整套计算机软件著作权保护的法律体系。因此，对计算机软件的使用必须符合法律的规定，未经版权人的许可，不论以何种形式，从何种媒体上抄袭、复制他人软件的行为皆构成侵权，对于擅自生产、销售针对特定系统的解密工具与设备的都将受到法律的惩处。

4. 数字环境下的合理使用原则问题

合理使用原则是数字图书馆建设必须面对的一个重要问题，数字图书馆的许多工作涉及这一原则。图书馆作为公众利益的代表，各国著作权法都针对图书馆制定有专门的合理使用条款，其又称为图书馆"豁免"或"例外"，即在法定范围内不经版权人的同意，也无须支付报酬，即可使用他人版权作品的权利。传统图书馆下，合理使用的内容、范围由版权人与图书馆之间达成共识，各方利益得到平衡。随着数字技术、网络技术的应用，以及数字图书馆的建立，人们不再需要通过作品物质载体就可在网络上随意使用作品，并可极为方便地复制作品，由此版权人担心他们的利益受损，希望加强版权控制、严格限制网络环境下的合理使用。传统的保护条例无法直接引入数字环境，但人们可将其合理地延伸到数字环境里，图书馆要在数字时代继续发挥其传承人类文明与促进社会发展的社会功能。另外，数字图书馆的合理使用并不会给版权人带来重大损失，且合理使用不是无限度的，它依然是版权控制下的合理使用。数字图书馆作为作品权利人与用户的责任中介，对待版权应非常认真，因此本书认为合理使用应延伸到数字环境中。美国《知识产权与国家信息基础设施》白皮书，确立了图书馆合理使用的重要性，就图书馆对数字化作品的合理使用做了详细解释。1996 年世界知识产权组织外交会议指出，缔约国可以在本国法律中将原有符合《保护文学和艺术作品伯尔尼公约》的限制和例外延及数字化环境，也可以设计适合数字化环境新的限制与例外。1999 年美国《跨世纪数字化版权法》规定，非营利性图书馆、档案馆和教育机构，出于真诚地希望对作品的合法存取目的而寻求破解技术措施，可享有豁免权。以上这些都有助于图书馆在数字环境下利用合理使用原则开展工作。

今后图书馆合理使用作品的方式将发生某些变化，图书馆对作品直接的无偿使用将减少，更多的则是授权破解，即图书馆的服务要符合版权人的要求，版权人可授权图书馆破解和向图书馆提供破解手段，破解后作品即可免费使用。需要指出的是，我们强调合理使用的同时，要尊重和保护知识产权，妥善处理与版权人的利益关系，这样才能给数字图书馆合理使用赢得有利的政策和宽松的环境，从而有利于信息资源的传播与共享。

（三）技术问题

有学者已经将数字图书馆所面临的技术问题归纳为信息资源建设、存储、压缩、分类、检索等方面的技术挑战。数字图书馆是现代高新技术所支持的系统工程，信息技术的集成在数字图书馆的建设中扮演着非常重要的角色。具体来说，数字图书馆涉及数字化技术、超大规模数据库技术、网络技术、多媒体信息处理技术、数据库分析处理技术、信息抽取技术、基于内容的检索技术、自然语言理解技术等。我们必须针对数字图书馆的应用背景，综合运用有关原理和方法，重点突破关键技术，只有这样才能为数字图书馆的建设提供坚实的技术保障。

（四）人才培养问题

数字图书馆建设是一项高科技与文化结合的重大工程，必须选择懂行而且具有创新意识的年轻人来进行。在推进中国数字图书馆发展的过程中，我们要不断发现和培养既懂技术，又具有深厚文化底蕴的复合型的信息化人才。有关大学已经招收了数字图书馆方向的研究生，这是解决数字图书馆人才培养问题的一个良好的途径。在实际工作中，我们还应进一步解放思想，打破传统的用人机制，以利于人才的培养和事业的发展。数字图书馆的建设和发展离不开高素质的人才。数字图书馆工作要求管理人员具有较高专业素质，需要掌握多方面知识的人才，如计算机、网络信息加工与管理、知识产权与保护、数字图书馆运营与管理等方面的人才。只有培养出这样的高素质的人才方能保证数字图书馆持续不断地发展。

三、数字图书馆的发展前景

（一）数字图书馆与传统图书馆的联系

1. 数字图书馆是对传统图书馆的继承

数字图书馆是在传统图书馆的基础上发展起来的。世界各国目前都在进行数字图书馆的建设，数字图书馆建设的核心就是各种数据库的集合，这些数据库可以说完全包含传统图书馆原有馆藏中的精华部分。例如，"中华文化史资源库""中华人民共和国国史资源库""中国共产党历史资源库""中国法律资源库""中国国情资源库""中国教育资源库"等数据库，都是传统图书馆的数字化发展。从这个意义上来说，数字图书馆完全能继承传统图书馆所储存的信息的特点和独特的社会功能。

2. 数字图书馆是对传统图书馆的发展

当然，数字图书馆和传统图书馆之间并不仅仅是继承的关系，我们要建设数字图书馆，就是因为它能使传统图书馆的功能进一步发展。数字图书馆具有许多传统图书馆所不具备的条件，因而在服务手段、服务质量、提供信息的广度和深度等方面都比传统图书馆有质的提高。例如，用户可以不受时间、空间、数量的限制；用户获取信息能更加迅速、准确；数字图书馆能引进远程教育手段，使原有的教育功能得到进一步完善。此外，数字图书馆的馆藏不但包含了传统图书馆馆藏中的精华部分，而且对其还有所扩展。数字图书馆可以将互联网上的商贸信息、产品信息等有价值的信息经过整理后作为本馆的虚拟馆藏，也可以购买商业性的数据库作为本馆的馆藏，所以数字图书馆的馆藏要比传统图书馆的馆藏更为丰富。

因此，我们完全可以这样认为：数字图书馆是传统图书馆的社会功能的进一步增强和扩展，数字图书馆的社会地位和社会价值将大大高于传统图书馆，数字图书馆是现代图书馆事业发展的必然趋势。

（二）数字图书馆未来的发展

关于数字图书馆的发展，一般有以下三种观点。

①数字图书馆将成为以印刷型文献为主的传统图书馆的一种补充。持这种观点的人认为，数字图书馆的发展将会遇到文化传统、阅读习惯、阅读成本、知识产权保护、数字化文献的保存等方面的障碍。

②数字图书馆将成为21世纪主要的图书馆形态。持这种观点的人认为，随着计算机网络运行速度的大幅度提高、网络的进一步延伸、计算机普及程度的提高以及数字化技术的日新月异，数字图书馆的优势将会越来越明显。在数字化时代，由于信息量的急剧增加，信息传递速度的大幅度提高，一个人、一个地区、一个国家获取信息的能力将会直接影响其竞争能力，因此人们必须大力发展数字图书馆。而最重要的是，资源共享是全球图书馆发展的必然趋势，只有实现图书馆数字化，才能真正实现文献资源共享，因此数字图书馆将成为21世纪主要的图书馆形态。

③数字图书馆将与传统图书馆并存互补。持这种观点的人主要基于两方面的原因：一是历史与环境的原因，传统图书馆已有几千年的历史，它总是随着社会的发展不断变革，不断地借鉴吸收一些新的技术方法；二是由于数字图书馆与传统图书馆在构成因素、特征、功能、作用等方面并不完全相同，从而形成了两个不同的体系，两者具有相对的独立性，但同时又是相互补充、相互促进的关系。

综合以上三种观点不难看出，第三种观点是比较切合实际的。如果我们从图书馆职能的角度来进行分析，就能更清楚、更全面地阐述这个观点的正确性。众所周知，图书馆有保存人类文化遗产、进行社会教育、传递情报等职能，而其中有些职能由传统图书馆来承担更为合适。

参考文献

［1］ 樊惠勇. 基于大数据的智慧图书馆建设途径解析 [J]. 发明与创新（职业教育），2020（12）：178.

［2］ 凫玲. 信息化技术优化图书馆资料管理路径探索 [J]. 文化产业，2020（36）：138-139.

［3］ 聂晓梅，耿彩芳. 公共图书馆数字资源平台建设探讨 [J]. 新闻研究导刊，2020，11（24）：202-203.

［4］ 董利军. 互联网趋势下图书馆档案信息化管理新路径 [J]. 城建档案，2020（12）：31-32.

［5］ 刘峰. 高校数字图书馆的建设 [J]. 科技资讯，2020，18（35）：175-177.

［6］ 李慧. 浅谈互联网时代高校图书馆的信息化建设 [J]. 科技资讯，2020，18（34）：188-189.

［7］ 王世乔. 信息化背景下高校图书馆管理模式的创新 [J]. 绿色科技，2020（22）：272-273.

［8］ 张鹏. 图书馆信息化建设中的问题及策略探索 [J]. 科技风，2020（34）：77-78.

［9］ 陈丽莲，李建华. 高校图书馆信息资源管理与服务探讨 [J]. 城建档案，2020（11）：131-132.

［10］ 万万. 高校图书馆数字资源采购问题浅谈 [J]. 内蒙古科技与经济，2020（21）：145-146，148.

［11］ 俞程炜. 图书馆管理信息化建设的现状及改进措施 [J]. 大众标准化，2020（21）：248-249.

［12］ 谢惠卿. 信息化管理技术在图书馆中的应用 [J]. 办公室业务，2020（21）：82-83.

［13］ 张黎平. 计算机网络技术在图书馆网站方面的应用 [J]. 电子元器件与信息技术，2020，4（10）：126-127.

［14］ 杨忠. 图书馆信息资源管理问题与解决对策［J］. 数字通信世界，2020（10）：140-141.

［15］ 罗倩. 现代图书馆管理研究［J］. 内蒙古煤炭经济，2020（17）：97-98.

［16］ 刘风光. 浅谈智慧图书馆的构建及智慧服务研究［J］. 价值工程，2019，38（36）：96-97.

［17］ 王雪涛. 基于"互联网+"高校图书馆智慧化服务模式研究［J］. 办公室业务，2019（24）：191-192.

［18］ 刘娟，王钊，黄照翠. 大数据背景下高校图书馆智慧服务创新研究［J］. 科技风，2019（33）：92.

［19］ 杨琛. 现代图书馆公共空间设计发展的新趋势［J］. 居舍，2018（34）：95.

［20］ 吴竞. 浅析现代信息智能化图书馆建设［J］. 电子世界，2018（20）：69.

［21］ 千文宇. 关于图书馆发展趋势的研究［J］. 内蒙古科技与经济，2018（18）：121.

［22］ 冯春兰. 以人为本现代图书馆的管理新理念［J］. 中小企业管理与科技（下旬刊），2018（8）：25-26.

［23］ 宇文高峰. 对现代高校图书馆建设发展问题的思考［J］. 咸阳师范学院学报，2018，33（4）：117-120.

［24］ 叶晴. 数字时代研究型高校图书馆空间变革研究［D］. 杭州：浙江大学，2019.

［25］ 陈松. 天津大学图书馆信息化建设研究［D］. 天津：天津大学，2019.

［26］ 徐敏. 信息化背景下高校图书馆内部空间设计研究［D］. 南昌：江西科技师范大学，2017.

［27］ 闫紫微. 信息化背景下高校图书馆设计研究［D］. 石家庄：河北科技大学，2016.